XIANDAI HANYU XUCI ERSHIJIANG

# 现代汉语虚词二十讲

马真　著

商務印書館
创于1897 The Commercial Press

**图书在版编目(CIP)数据**

现代汉语虚词二十讲/马真著. —北京:商务印书馆,2019(2024.8 重印)
ISBN 978-7-100-17885-3

Ⅰ.①现… Ⅱ.①马… Ⅲ.①现代汉语—虚词—研究 Ⅳ.①H146.2

中国版本图书馆 CIP 数据核字(2019)第 223583 号



**现代汉语虚词二十讲**
马真 著

商 务 印 书 馆 出 版
(北京王府井大街 36 号 邮政编码 100710)
商 务 印 书 馆 发 行
北京虎彩文化传播有限公司印刷
ISBN 978-7-100-17885-3

2019 年 11 月第 1 版　　开本 880×1230 1/32
2024 年 8 月北京第 3 次印刷　　印张 8⅜
定价:50.00 元

# 前　言

书名为“现代汉语虚词二十讲”，但讲解的只是现代汉语虚词中很少的一部分。这本小书跟早先出版的《现代汉语虚词研究方法论》不太一样，这本书是具体讲解或辨析一些虚词。讲解也好，辨析也好，不是按写学术论文那样的思路展开的，是按讲课的方式展开的。目的是希望对年轻学子、对汉语教师在怎么讲解虚词、怎么研究虚词方面能有所帮助。

在本书第八讲里我说到，20 世纪 80 年代初，北京大学中文系领导要我给汉语专业高年级学生开设“现代汉语虚词研究”专题课，同时又让我为外国留学生中文专业本科高年级学生开设“现代汉语虚词”专题课。这两门课对象不同，讲法不一样，但有一点是共同的，也是我事先定下的基调，不能讲成理论性课程，得具体讲解学生必须了解的一个个虚词的语法意义和用法，而在其中隐含着虚词研究的理论方法。我得让学生既能学习、掌握好我所讲授的一个个虚词的意义和用法，同时也得让他们通过听课、做练习，学到一些研究虚词的理论方法，让他们能触类旁通，举一反三。由于学时的限制（只一个学期，每周 2—3 个学时），不可能讲很多虚词，我得有所选择。选什么样的虚词讲呢？我的选择原则是：

一、某些虚词，辞书的释义不准确，从而容易导致人们，特别是外国学生认识上的偏误和使用上的偏误。如“也”“反而”“净”“除了”“否则”“往往”等。

二、某些虚词，辞书的释义只注释了虚词的基本语法意义，没有说明该虚词使用的语义背景，致使外国学生不能正确把握和使用该虚词从而出现使用上的偏误。[①] 如“按说”以及表示加强否定语气的“并”和“又”等。

三、某些虚词（如句末语气词“好了”）、某些虚词的义项（如副词“别”所表示的“提醒对方防止出现不如意的情况”这一义项），辞书漏了，而这些虚词或义项在言谈交际中是比较常用的。

四、某些同义、近义的一组组虚词，如“而且：况且：何况”“曾经：已经”“又：再：还”“等：等等”等，比较常用，而用法各异，对它们加以梳理、辨析，这不光对外国汉语学习者很有用，对中国读者也很需要。

五、某些形似实异的虚词，如“不管：尽管”“只有：只要”“以致：以至”“从而：进而”“既：即”等，不光对外国汉语学习者需要加以分辨，对中国读者也需要加以分辨。

六、在具体用法上呈现出极为有意思的现象的虚词，如介词“比”形成的“比”字句在某些方面所呈现的有意思的现象；而分析这些现象，找出其规律，不但有助于运用，同时也有方法论上的意义。

---

① 只注释虚词的基本语法意义，不说明该虚词使用的语义背景，这对母语为汉语的中国人来说可以，辞书也无须修改现有的释义；但对外国汉语学习者来说，会影响他们正确使用该虚词。因此面对汉语教学的汉语词语用法词典，应尽可能说明虚词的具体用法，指出该虚词使用的语义背景。

我在这本小书里也按上述选择原则，讲解、辨析了50多个虚词。

对中国学生，对外国学生，到底该怎么进行有效的虚词教学？我在书中并没有正面阐述，只是提供了两个实例——一是如何给外国学生辨析“常常”和“往往”，二是如何面对不同的对象，采用不同的教法来讲解“反而”。到底该怎么教？还得由相关的教师根据教学实践提出更好的教法。至于如何有效地进行虚词研究，这在书中也没有正面阐述，但读者透过各个虚词的讲解，各组虚词的辨析，大致可以从中领悟到虚词研究的一些理念与方法。我自己认为，重要的有以下几点：

其一，无论研究虚词本身所表示的语法意义，还是研究虚词的用法，最基本、最有效的方法是比较。比较分析，是语法研究中最基本的分析手段之一，更是虚词研究最基本、最有效的一种分析手段。因此在虚词研究中一定要有意识地运用比较的研究方法。

其二，研究虚词的意义也好，研究虚词的用法也好，必须进行多角度、多方位、多层面的考察、分析和研究。至于对某个具体虚词最后该从哪个方面或哪些方面来加以描写、说明，得根据各个不同虚词的具体情况和研究的实际需要来定。

其三，考虑到外国学生在虚词使用上出现偏误，主要不是因为他们不了解所用虚词的基本意义，而是不了解那虚词使用的语义背景。因此在虚词研究中必须重视虚词使用的语义背景的分析、研究和说明。而这对我们中国人来说，也有很大的帮助。

其四，虚词意义比较虚灵，不易把握，一般在研究中很容易将虚词所在的句法格式表示的意义误认为是那虚词的意义。因此在虚词研究中，切忌将虚词所在的句法格式的意义误归到那虚词身上。

我希望这本小书对汉语虚词教学与研究能有裨益。在此我诚恳希望广大读者，特别是广大汉语教师，在阅读中注意发现书中存在的问题或缺憾，并望直言相告，以帮助我进一步修订。

马 真

# 目 录

# 第一讲
# 为什么要跟大家讲虚词？

## 一、引言

我这本小书想专门跟大家讲讲虚词。我们所说的虚词，包括副词、介词、连词、助词、语气词这五类。其中副词这一类是否属于虚词范围，学界有争议。我们将副词包括在虚词之内，主要考虑到：首先，副词只能做状语，不能充任诸如主语、谓语、述语、宾语、中心语等主要的句法成分；其次，副词，如同介词、连词、助词、语气词那样，个性很强，副词词类所揭示的特点对于了解各个副词具体的意义和用法帮助不大；再次，实际应用的需要，外国汉语学习者在习得副词上出现的偏误比较多。①

为什么要跟大家讲虚词呢？虚词是跟实词相对而言的。虚词在数量上比实词少得多，就现代汉语来说，常用的实词少说也有一两万，常用的虚词则只有 700 多个。可是虚词在语言中起着“经络”的作用。在汉语中，就个体而言，虚词的作用大大超过实词。要是我们取消某些常用实词（如“桌子、馒头、电灯、吃、走、好、干净”等），对交际当然会有所影响，但不会就此没法说话，只是话要说

---

① 关于将副词归入虚词范围，马真《现代汉语虚词研究方法论》（修订本）（商务印书馆，2016 年）一书中有专门论述，具体参看该书“零　绪论之二‘为什么将副词列入虚词’”，第 3—6 页。

得啰唆些罢了。可是，如果取消了“的、了、把、在、不、也、呢”这类虚词，那影响可就大了，可能因此就无法用汉语进行正常的交际。可见虚词在汉语中的重要作用。

同时要看到，我们中国人在语法病句中由于虚词使用出问题而造成的要占51%；而外国汉语学习者在他们的语法偏误句中由于虚词使用出问题而造成的则要占65%。

## 二、虚词在汉语中的具体作用

虚词在汉语中的实际作用主要有五个方面：

第一，帮助表达实词之间的某种语法关系。例如：

（1）裤子和拉链都买来了。

（2）裤子的拉链都买来了。

例（1）用“和”，表示“裤子”与“拉链”之间是联合关系；例（2）用“的”，表示“裤子”与“拉链”之间是修饰关系。再如：

（3）老王满意得笑了。

（4）老王满意地笑了。

例（3）用“得”，表示“满意”和“笑了”之间是动补关系；例（4）用“地”，表示“满意”与“笑”之间是修饰关系。再如：

（5）这堆苹果大得多。

（6）这堆苹果大的多。

例（5）用“得”，句子意思是“这堆苹果比那堆苹果要大，而且大许多”；例（6）用“的”，句子意思是“在这堆苹果里大的苹果数量多”。

例（3）—例（6）的语言事实也说明，在书面上将同音的“的”“地”“得”分别写作不同的字，是有好处的。

第二，帮助表达实词之间的某种语义关系。例如：

（7）张三把李四说了一通。

（8）张三被李四说了一通。

（9）张三对李四说了一通。

例（7）—例（9）表面看，包含的词语基本相同，所差的只是使用的介词不一样。可是我们知道，正是由于使用的介词不同，改变了句子内部实词之间的语义关系。例（7）用“把”，“说”是“责备，数落”的意思，“张三”是“说”的施事，“李四”是“说”的受事；例（8）用“被”，“说”也是“责备，数落”的意思，但“张三”成了“说”的受事，“李四”成了“说”的施事；而例（9）用“对”，“说”是“陈述，诉说”的意思，“张三”是“说”的施事，“李四”则成了“说”的与事了。

第三，帮助实词添加某种语法意义。例如：

（10）我看见她拿了两个面包。

（11）我看见她拿过两个面包。

（12）我看见她拿着两个面包。

同是动词“拿”，例（10）“拿”后面带上“了”，表示“拿”这个行为动作实现或者说完成了；例（11）“拿”后面带上“过”，表示“他”曾经有“拿面包”这种经历；例（12）“拿”后面带上“着”，表示“拿”这一行为动作的持续。显然，“了”“过”“着”帮助动词添加的语法意义各不相同。

第四，帮助改变词语的表述功能。

请比较“吃”和“吃的”。“吃”是动词，从意义上说，表示行为动作；从表述功能看，表示陈述。但是，如果后面加上助词“的”，“吃的”就成了名词性成分了。从意义上看，表示事物了，可以指“吃”的动作者（如：“谁吃羊肉串儿？吃的举手。”），可以指“吃的东西”（如：“我先去买点儿吃的。”）；从表述功能看，表示指称了。为什么会有这么大的差异呢？这是那个虚词“的”在起作用。

第五，帮助表达某种语气。例如：

（13）他有孙子了。

（14）他有孙子啦！

（15）他有孙子吗？

例（13）句末用“了”，句子表示陈述语气；例（14）句末用“啦”，句子表示感叹语气；例（15）句末用“吗”，句子表示疑问语气。再如：

（16）张经理准保回来了。

（17）张经理也许回来了。

（18）张经理难道回来了？

例（16）—例（18）各句所用副词不同，各个句子所表达的语气也迥然不同：例（16）用“准保”，句子表示一种确信语气；例（17）用“也许”，句子表示一种不确定的语气；例（18）用“难道”，句子增强了疑惑的语气。

## 三、虚词使用上最常见的问题

前面已经说到，无论外国汉语学习者还是我们自己，在语法偏误句 / 语法病句里，由于虚词使用不当而造成的偏误句 / 病句占有很大的比例。虚词使用不当的情况常见的有以下六种类型：[①]

① 具体参看马真《现代汉语虚词研究方法论》（修订本）“壹　绪论”，商务印书馆，2016 年。

（一）类型之一，不该用而用。最常见的有两种情况：

1. 滥用介词，致使句子出现“缺主语”的毛病。例如：

（1）*已经整整一年了，对于他的工资问题，始终没有得到解决。

例（1）的主语该是“他的工资问题”，但由于滥用介词“对于”，使它成了介词“对于”的宾语，失去了做主语的资格，从而造成了句子残缺主语的毛病。应将介词“对于”删去，让“他的工资问题”做主语，即例（1）应修改为：

（1′）已经整整一年了，他的工资问题，始终没有得到解决。

下面两个例子是，前面已经用了介词，后面又用了介词“使”，造成句子缺主语的毛病：

（2）*在魏老师的热心帮助下，使我在学业上跟上了其他同学。

（3）*通过两个月的暑期集中培训，使我的汉语水平有了很大的提高。

例（2）有两种修改法：或是将后面的介词“使”删去，让“我”做主语；或是将前面的“在”和“下”删去，让“魏老师的热心帮助”做主语。即例（2）可修改为：

（2′）a. 在魏老师的热心帮助下，我在学业上跟上了其他同学。

b. 魏老师的热心帮助，使我在学业上跟上了其他同学。

例（3）也有两种修改法：或是将“使”删去，让“我的汉语水平”做主语；或是保留介词“使”，将介词“通过”删去，让“两个月的暑期集中培训”做主语。即例（3）可修改为：

（3′）a. 通过两个月的暑期集中培训，我的汉语水平有了很大的提高。

b. 两个月的暑期集中培训，使我的汉语水平有了很大的提高。

再如：

（4）* 北京这段前后变迁的历史，对我们都很感兴趣。

例（4）由于滥用介词“对”，谁对谁的关系搞颠倒了。显然“我们”才是“感兴趣”的主体。或删去介词“对”，或在“我们”后加“来说”，即将例（4）修改为：

（4′）a. 北京这段前后变迁的历史，我们都很感兴趣。

b. 北京这段前后变迁的历史，对我们来说都很感兴趣。

滥用介词“被”，这是外国汉语学习者在初级阶段常出现的偏误情况。例如：

（5）* 练习被我做好了。

（6）* 借书证被我领来了。

原因是外国汉语学习者在初级阶段常以为“被”是汉语被动句的标志。只要他们觉得是被动句就用个“被”字，他们不知道汉语里的被动句基本不用“被”。在汉语里，使用“被”的句子往往是表示“遭受”或表示“不如意”的事。譬如，可以说“衣服被他撕破了”“饭被他煮糊了”，但不说“* 衣服被他补好了”“* 饭被他煮好了”。例（5）、例（6）里的“被”都应该删去。

2. 随便用“的”。例如：

（7）* 一味用打、骂、吓、哄的方式教育的孩子，对孩子成长不利。

例（7）原本是要说“用……的方式教育孩子对孩子成长不利”，现在在“教育”与“孩子”之间多了个“的”，句子意思就成了“……孩子对孩子成长不利”，这显然不通。再如：

（8）* 小生后起之秀的常建忠在新编历史剧《凤求凰》中将扮演司马相如。

例（8）“小生后起之秀”和“常建忠”之间的“的”不该用。要知道，“小生后起之秀”和“常建忠”之间是同位关系，是指同一个人，同位关系之间不能用“的”。

（二）类型之二：该用而没用。最常见的有以下三种情况：

1. 该用介词而不用。例如：

（9）* 这次讲座我懂得了不少做人的道理。

例（9）因为缺少了必要的介词，读着让人觉得别扭，不顺畅。修改办法有二，或者在句子头上用介词“通过”，或者在“我”之前加个介词“使”。即例（9）宜修改为：

（9′）a. 通过这次讲座我懂得了不少做人的道理。

b. 这次讲座使我懂得了不少做人的道理。

2. 应该用“的”而没有用。例如：

（10）* 县政府许多干部对护林员揭发林业局局长带头偷运木料的情况，普遍感到气愤。

例（10）在“护林员揭发”后缺少了个“的”。作者原本是要说大家对林业局局长偷运木料的问题感到气愤，缺了这个“的”，句子意思变成了大家对护林员的揭发举动感到气愤了，这就跟原意大相径庭了。例（10）应修改为：

（10′）县政府许多干部对护林员揭发的林业局局长带头偷运木料的情况，普遍感到气愤。

下面是同样性质的例子：

（11）* 我会相信他散布谣言而跟我的女朋友分开吗？

例（11）应该在“散布”和“谣言”之间补上一个“的”，变主谓词组“他散布谣言”为偏正词组“他散布的谣言”。

3. 在复句或句群中缺少必要的连接词。例如：

（12）* 过去，厂里有些干部错误地认为，知识分子不服管，好发牢骚，不信任他们。

例（12）最后一个小句“不信任他们”，是指知识分子不信任干部，还是指干部不信任知识分子？不清楚。从原文的上下文看，是指干部不信任知识分子。而造成文意不明的原因是缺少了必要的连接词。应在“不信任他们”小句头上加连词“所以”，这样句子脉络才清楚。再如：

（13）* 陈书记蹲点的县工作条件很好，困难和阻力比较大，他能深入干部和群众全面了解情况，能出谋献策带头实干，两年下来把个落后县变成了个先进县。

读者看了例（13）大致能知道句子所要表示的意思，但总会觉得句子不顺畅。如果加上必要的连接词，修改为：

（13′）陈书记蹲点的县工作条件很好，但是困难和阻力比较大，由于他能深入干部和群众全面了解情况，能出谋献策带头实干，所以两年下来把个落后县变成了个先进县。

这样，句子就会变得很顺畅，脉络也很清楚。再如：

（14）* 只有深入基层，了解群众的疾苦、问题和愿望，对情况做出科学的分析，切实解决好群众迫切需要解决的各种问题。

例（14）里的小句“对情况做出科学的分析”，该看作条件呢，还是该分析为结果？光凭这个句子本身没法判断。如果将“对情况做出科学的分析”看作条件，宜在最后一个分句头上加连接成分“才能”；如果将“对情况做出科学的分析”看作结果部分的内容，宜在“对情况做出科学的分析”头上加连接成分“才能”，即应修改为：

（14′）a. 只有深入基层，了解群众的疾苦、问题和愿望，对情况做出科学的分析，才能切实解决好群众迫切需要解决的各种问题。

b. 只有深入基层，了解群众的疾苦、问题和愿望，才能对情况做出科学的分析，切实解决好群众迫切需要解决的各种问题。

（三）型类之三：该用这个虚词而用了那个虚词。常见的偏误或毛病，主要也有三种情况：

1. 错用连词。例如：

（15）* 听我爷爷说，1946 年我们家乡发大水，房屋、田地都给淹了，为了无法维持生活，爷爷带着全家离开了家乡，逃到了山东。

例（15）“无法维持生活”跟“爷爷带着全家离开了家乡逃到了山东”之间不是目的关系，不能用“为了”。宜将“为了”改为“由于”；如果要保留“为了”，得将“无法”二字删去，即例（15）可以修改为：

（15′）a. 听我爷爷说，1946 年我们家乡发大水，房屋、田地都给淹了，由于无法维持生活，爷爷带着全家离开了家乡，逃到了山东。

b. 听我爷爷说，1946 年我们家乡发大水，房屋、田地都给淹了，为了维持生活，爷爷带着全家离开了家乡，逃到了山东。

再如：

（16）* 提倡清廉，反对腐败，执行好“八项规定”，各级领导一定要带好头，然而媒体再怎么宣传，也不会有多大实效。

例（16）“然而”表示一般的转折，从前后意思看，该是假设反意条件关系，因此应将“然而”改为“否则”，即句子修改为：

（16′）提倡清廉，反对腐败，执行好“八项规定”，各级领导一定要带好头，否则媒体再怎么宣传，也不会有多大实效。

下面是另一种错用情况：

（17）* 我好像记得是 1981 年 7 月还是 8 月爸爸带着我们到了堪萨斯。

例（17）连词“还是”用得不合适。“还是”表示选择，在大陆普通话里带有疑问语气，一般用在疑问句中（如：“你吃苹果还是吃香蕉？”）。如果用在陈述句，只能出现在否定句里，例如：

（18）a. 我不晓得这事儿是小王还是小李说的。

b. 我说不准他来我那里是昨天下午 3 点还是 4 点。

c. 我想不起来当时是明明说的还是红红说的。

例（17）是肯定句式，要表示选择关系得用“或（者）”，不能用“还是”，句子应改为：

（17′）我好像记得是 1981 年 7 月或是 8 月爸爸带着我们到了堪萨斯。

如果要保留“还是”，要将“好像记得”改为“记不得”，即句子得修改为：

（17″）我记不得是 1981 年 7 月还是 8 月爸爸带着我们到了堪萨斯。

2. 错用介词。例如：

（19）* 如果国家能有计划地多生产这类汽车配件而不再进口，尽可能把节省下来的外汇，去进口我国暂时还不能生产而又急需的一些仪器。

（20）* 北京第一商业局领导，十分关心职工的生活，对于离单位比较远的员工，想方设法解决他们孩子的幼托和上学难的问题。

例（19）“把……外汇去进口……”显然不通，因为“进口”一类动词不能用于“把”字句。宜将“把”改为介词“用”；如果要保留“把”，得将“去”改为“用来 / 拿来”，即例（19）得修改为：

（19′）a. 如果国家能有计划地多生产这类汽车配件而不再进口，尽可能用节省下来的外汇，去进口我国暂时还不能生产而又急需的一些仪器。

b. 如果国家能有计划地多生产这类汽车配件而不再进口，尽可能把节省下来的外汇，用来 / 拿来进口我国暂时还不能生产而又急需的一些仪器。

例（20）“对于……员工……解决……问题”显然不通。应该将“对于”改为介词“为”，宜将状语“想方设法”移至“为……”之前，即例（20）宜修改为：

（20′）北京第一商业局领导，十分关心职工的生活，想方设法为离单位比较远的员工，解决他们孩子的幼托和上学难的问题。

3. 连词“和”与“或”误用。连词“和”表示加合关系，“或”表示选择关系。例如：

（21）a. 今年招聘的同声翻译员须熟练掌握英语和俄语。

b. 今年招聘的同声翻译员须熟练掌握英语或俄语。

例（21），a 句用“和”，要求应聘者熟练掌握英语、俄语两种外语；b 句用“或”，只要求应聘者熟练掌握一种外语——或者熟练掌握英语，或者熟练掌握俄语。下面规定就有问题：

（22）* 进入主校区须持有本校工作证和学生证。

例（22）显然应将“和”改为“或”，因为对教职员工来说只有工作证，对学生来说只有学生证。

（四）类型之四：虚词用对了但放得不是地方。下面三句都犯有“虚词放得不是地方”这样的毛病：

（23）* 顾老师除了会说日语外，陈老师也会说日语。

（24）* 当时父亲因为被老板解雇了，所以我没能念完高中就去杭州谋生了。

（25）* 经过他五年的训练，终于出色地掌握了潜艇驾驶的技术。

例（23）“除了”应放在句子头上，因为下文不是继续说“顾老师如何如何”。例（24）“因为”也应前移，或放在句子头上，或放在“父亲”前，照目前呈现的表达法，后半句的内容也应是说明“父亲”的，而这并不符合文章的原意。例（25），照目前呈现的表达法，读者会以为前后说的是两个人，从文章内容看其实说的是一个人。介词“经过”应放在“他”的后面。例（23）、例（24）、例（25）应分别修改为：

（23′）除了顾老师会说日语外，陈老师也会说日语。

（24′）a. 因为当时父亲被老板解雇了，所以我没能念完高中就去杭州谋生了。

b. 当时因为父亲被老板解雇了，所以我没能念完高中就去杭州谋生了。

（25′）他经过五年的训练，终于出色地掌握了潜艇驾驶的技术。

（五）类型之五：句子里共现的虚词不搭配。下面的句子都存在“句子里共现的虚词不搭配”的问题：

（26）* 她越没完没了地唠叨，他闺女就更不爱听她的。

（27）* 不管小涛脾气再不好，林纾始终对他不离不弃。

（28）* 一个演员只有全身心地进入自己所扮演的人物角色，就能演谁像谁，把角色演活。

例（26）“更”不能跟“越”搭配；例（27）跟连词“不管”呼应的不能是“再”，得是“怎么”一类疑问词；例（28）与“只有”搭配、呼应的是“才能”，不能是“就能”。这三个句子该分别修改为：

（26′）她越没完没了地唠叨，他闺女就越不爱听她的。

（27′）不管小涛脾气怎么不好，林纾始终对他不离不弃。

（28′）一个演员只有全身心的进入自己所扮演的人物角色，才能演谁像谁，把角色演活。

下面的句子也可以归入这一类偏误句 / 病句：

（29）* 听口音，王老师大概一定是福建人。

（30）* 每到这种关键时刻，王铁柱总是常常对刘大贵出手帮助。

例（29）副词“大概”表示揣测，含有不肯定的语气；“一定”则是表示明显的肯定语气，二者连在一起用，就自相矛盾了。例（30）

“总是”是“一直如此”的意思，“常常”只是强调“多次”，而并非“一直如此”，所以二者也不相配。例（29）、例（30）里所用的两个词都只能取其一，可分别修改为：

（29′）a. 听口音，王老师大概是福建人。

b. 听口音，王老师一定是福建人。

（30′）a. 每到这种关键时刻，王铁柱总是对刘大贵出手帮助。

b. 每到这种关键时刻，王铁柱常常对刘大贵出手帮助。

（六）类型之六：没能满足所用虚词的特殊要求。语言中，某些虚词在使用上有某种特殊要求，例如相当于“很”的程度副词“怪”就要求后面有“的”与之搭配和呼应。请看：

（31）a. 这孩子怪可爱的。

* 这孩子怪可爱。

b. 今天怪冷的。

* 今天怪冷。

c. 听他这么一说，心里怪舒服的。

* 听他这么一说，心里怪舒服。

下面都是存在“没能满足所用虚词的特殊要求”的偏误句/病句：

（32）* 既然你不爱她，你要跟她保持距离，不能来往过密切。

（33）* 你一人出去旅游，会遇到各种危险和不顺，望你万万注意。

（34）* 一路上，他给了我好多好吃的。我心想不能白白吃呀，我偷偷在他的书里夹了十块钱。

（35）* 老年人每天晚上睡觉前稍微喝一小杯红酒，对睡眠有好处。

例（32）“过密切”说法有问题。要知道副词“过”和“过于”意思一样，用法则不同：“过”，要求所修饰的成分得是单音节词，不能是个双音节词；“过于”，则没有这样的限制。[①] 例（32）可修改为：

（32′）a. 既然你不爱她，你要跟她保持距离，不能来往过密。

b. 既然你不爱她，你要跟她保持距离，不能来往过于密切。

例（33）“万万注意”不说，只能说“千万注意”。副词“万万”和“千万”都有“务必”的意思，但用法上有一个很大的区别：“万万”只能修饰一个否定形式，“千万”没有这个限制。[②] 例（33）的“万万”得换用“千万”。

例（34）“不能白白吃”也不说，只能说“不能白吃”。副词“白白”和“白”意思相同，用法有异：副词“白”，所修饰的成分，可以是复杂的（即不是一个单词），也可以是简单的（即只是一个单词）；而“白白”所修饰的成分必须是复杂的，不能是简单的。[③] 因此，例（34）的“白白”得改为“白”，即句子改为：

（34′）一路上，他给了我好多好吃的。我心想不能白吃呀，我偷偷在他的书里夹了十块钱。

例（35）“稍微喝一小杯红酒”也不说。表示程度浅的副词“稍微”在用法上也很有特点，它所修饰的动词或形容词后面必须跟上一个表示不定量的数量成分（不能是否定形式的数量成分），诸如“稍微喝（一）点儿”“稍微喝（一）些”，或者由表示不定量的“两”“几”所组成的数量词，如“稍微喝两杯”“稍微说几句”。[④] 例（35）有两种修改法：一是删去“稍微”；二是保留“稍微”，将“一小杯”

① 具体参看马真、陆俭明《虚词研究浅论》，见马真、陆俭明《现代汉语虚词散论》（第三版），北京大学出版社，2017 年。

② 同①。

③ 同①。

④ 参看本书第二讲和第四讲。

改为"一点儿/一些"，即整个句子修改为：

（35′）a. 老年人每天晚上睡觉前喝一小杯红酒，对睡眠有好处。

b. 老年人每天晚上睡觉前稍微喝一点儿/一些红酒，对睡眠有好处。

## 四、虚词，前人历来都很重视

从文献资料中我们可以了解到，古人就极为重视虚词的使用。下面所引的文献资料足以说明这一点：①

但见生用助字，不当律令，唯以此奉答。所谓"乎""欤""耶""哉""夫"者，疑辞也；"矣""耳""焉""也"者，决辞也。今生则一之。宜考前闻人所使用，与吾言类且异，慎思之则一益也。（唐·柳宗元《复杜温夫书》）

东坡教诸子作文，或辞多而意寡，或虚字多，实字少，皆批谕之。（宋·周辉《清波杂志》卷七）

王右丞诗："畅以沙际鹤，兼之云外山。"孟浩然云："重以观鱼乐，因之鼓枻歌。"虽用助语辞，而无头巾气。宋人黄陈辈效之，如"且然聊尔耳，得也自知之"，又如"命也岂终否，时乎不暂留"。岂止学步邯郸，效颦西子，乃是丑妇生疮，雪上再霜也。（明·杨慎《升庵诗话》卷三）

此外，还有译写古代诗话一类的著作，也常告诫人们，"诗用助语，字贵妥帖"（宋·罗大经《鹤林玉露》）；诗中"用虚字要健练"（清·李重华《贞一斋诗说》）；虚字"用之不善，则柔弱缓散，

① 转引自陆俭明《虚词》，见北京市语言学会编《现代汉语讲座》，知识出版社，1983年。

不复可振”（明·李东阳《麓堂诗话》）。

从上可以看到，虚词在汉语中有其特殊的重要性。因此，汉语语法研究历来以虚词为主要内容。在我国，系统研究汉语语法的历史只有 120 年（从 1898 年《马氏文通》开始），但是，研究虚词的历史则将近两千年了，远在汉代就有人注意了，汉代许慎《说文解字》（公元 121 年）就收了不少虚词。元代开始有了专门著作，那就是卢以纬的《语助》。明代以后专门著作更多，如袁仁林的《虚字说》、刘淇的《助字辨略》、王引之的《经传释词》等。民国以后有钟歆的《词语通释》、杨树达的《词诠》、吕叔湘的《文言虚字》等。中华人民共和国成立后这方面的书就更多了。总之，不管从语法研究还是从语言运用看，虚词都占有极重要的地位。但是，总体来说，我们对汉语虚词研究得还是很不够。无论从哪个角度说，需要我们对每个虚词从意义和用法两方面进行详细的描写与说明，特别需要我们注意从学习者的角度来详细描写、说明每个虚词的意义和用法，而要做到这一点，就必须以科研引航，加强对虚词的研究。

虚词的重要性，决定了在汉语教学中必须重视汉语虚词教学。

这是一本小书，不可能讲解许多虚词。我只是有选择地讲解了 50 来个。这 50 来个虚词，正如我在前言中所交代的，代表了各种不同的类型，虽然所讲解的虚词数量有限，但所用的分析方法也适用于其他虚词。

# 第二讲 现代汉语中的程度副词

任何语言都有程度副词。现代汉语里的程度副词极为丰富，是使用频率较高的一类副词。这里先给大家讲讲现代汉语里程度副词的总体分类情况。

现代汉语里的程度副词常用的大概有 40 多个，可以分为六个大的系列，具体如下：①

一是“很”系，下分三小类：

1.“很”类：很、挺、怪、蛮、老、十分、非常……

2.“极”类：极、极为、极其……

3.“太”类：太（“太棒了！”）、好（“好棒啊！”）、多（么）……

二是“更”系，下分三小类：

1.“更”类：更、更加、更为、还$_1$……

2.“越”类：越、越加、越发、愈、愈加、愈发……

3.“尤其”类：尤其、尤为、尤……

三是“最”系：最、最为、顶……

---

① 现代汉语中还有“大力”“大大”“极力”等一些程度副词，然而它们跟一般的程度副词不同，它们不表示性状的程度，因此不能直接修饰形容词，只能修饰动词性词语。例如：“大力发展畜牧业”“大大提高生活水平”“我们要极力争取拿到这个项目”等。这些程度副词不在我们讨论范围之内。

四是“有点儿”系：有点儿、有些……

五是“比较”系：比较、较、较为、还$_2$……

六是“稍微”系：稍微、稍、略微、略、略略、多少……

这些词虽然都表示程度，但各自所表示的语法意义以及具体用法都有所不同。

## 一、总体认识

（一）从意义上看。

根据所表示的程度的深浅，可以将程度副词分为以下两大类：

1. 表示程度深的。包括“很”系、“更”系、“最”系等程度副词。

2. 表示程度浅的。包括“有点儿”系、“比较”系、“稍微”系等程度副词。

（二）从用法上看。

由于程度的深浅往往跟比较联系在一起，因此重要的是要考察程度副词在表示程度比较的句式中的分布情况。现代汉语中表示程度比较的句式，主要是指以下四大类六小类句式（句式中的X、Y表示比较项）：

1. 句式Ⅰ：

a.“相比之下，X＋程度副词＋形容词性词语”。例如：

（1）相比之下，302房间比较干净。

b.“比较起来，X＋程度副词＋形容词性词语”。例如：

（2）比较起来，302房间比较干净。

2. 句式Ⅱ：

a.“跟Y相比，X＋程度副词＋形容词性词语”。例如：

（3）跟303房间相比，302房间更干净。

b.“比起Y来，X＋程度副词＋形容词性词语”。例如：

（4）比起303房间来，302房间更干净。

3.句式Ⅲ：“在……中／上，X＋程度副词＋形容词性词语”。例如：

（5）在所有客房中，302房间最干净。

4.句式Ⅳ：“X＋比Y＋程度副词＋形容词性词语”。例如：

（6）302房间比303房间更干净。

上面四大类六小类句式都是表示比较的句式，其中句式Ⅳ“X＋比Y＋程度副词＋形容词性词语”就是一般所说的“比”字句。

现在就来具体看一下表示程度深的程度副词和表示程度浅的程度副词在上述比较句式中的分布和表意情况。

## 二、表示程度深的程度副词在比较句式中的分布

现在先考察表示程度深的程度副词在上述比较句式中的分布情况。表示程度深的程度副词常用的有：

“很”系，包括“很”类的“很、挺、怪、蛮、老、十分、万分、非常”等，“极”类的“极、极为、极其”等，“太”类的“太、好、多”等。

“更”系，包括“更”类的“更、更加、更为、还$_1$”等，“越”类的“越、越加、越发、愈加、愈发”等，“尤其”类的“尤其、尤为、尤”等。

“最”系，包括“最、最为、顶”等。

每一系、类内部的各个副词，在具体用法和意义上还会有些细微的差别，这里不细说，但就各个系在上述比较句式中的分布情况看，每个系内部存在着明显的一致性，而系与系之间存在着明显的对立。

（一）“很”系各类程度副词分布。

“很”系各类程度副词都不能进入任何一个比较句式。我们不说（以“很”为代表）：

（1）* 相比之下，这个教室很大。 [句式 Ⅰa]

（2）* 比较起来，他很好。 [句式 Ⅰb]

（3）* 跟别的房间相比，302 房间很干净。 [句式 Ⅱa]

（4）* 比起别的工厂来，东风厂设备很先进了。 [句式 Ⅱb]

（5）* 在我们当中，小张很高。 [句式 Ⅲ]

（6）* 这本书比那本书很难懂。 [句式 Ⅳ]

“很”系中“很”类的“挺、怪、蛮、老、十分、万分、非常”等，“极”类的“极、极为、极其”等，“太”类的“太、好、多”等，也都不能进入上述任何一个比较句式。要进入这些句子，得将句子里的“很 + 形容词性词语”改为“形容词性词语 + 多了”或“形容词性词语 + 得 + 多”。譬如例（1）得改为：

（1′）相比之下，这个教室大多了 / 大得多。 [句式 Ⅰa]

其他例子可照此类推。

（二）“最”系和“更”系程度副词分布。

“最”系和“更”系则能分别进入上述某些比较句式。下面是“最”系的例子：

（7）相比之下，这座庄园最大。 [句式 Ⅰa]

（8）比较起来，他最好。 [句式 Ⅰb]

（9）跟别的房间相比，302 房间最干净。 [句式 Ⅱa]

（10）比起别的建筑来，人民英雄纪念碑最雄伟庄严。 [句式 Ⅱb]

（11）在我们班上，小张最高。 [句式 Ⅲ]

“最”系的其他程度副词如“最为、顶”等，都能进入这些比较句式，只是风格色彩有所不同：“最”，书面语、口语都用。“最为”，只用于书面语，例（11）就不宜换成“最为”；另外，“最为”所修饰的成分要受到音节的限制，不能是单音节词，所以例（7）里的“最”不能换成“最为”。我们不说：

（7′）* 相比之下，这座庄园最为大。 ［句式Ⅰa］

“顶”则只用于口语，所以例（10）里的“最”不宜换成“顶”，我们不说：

（10′）* 比起别的建筑来，人民英雄纪念碑顶雄伟庄严。

［句式Ⅱb］

此外，还有一点要注意，“最”系程度副词都不能进入句式Ⅳ，即不能进入“比”字句。我们不能说：

（12）* 这本书比那本书最 / 最为 / 顶难懂。 ［句式Ⅳ］

下面是“更”系的例子：

（13）相比之下，这个教室更大。 ［句式Ⅰa］

（14）比较起来，他更好。 ［句式Ⅰb］

（15）跟别的房间相比，302 房间更干净。 ［句式Ⅱa］

（16）比起前几年来，东风厂设备更先进了。 ［句式Ⅱb］

（17）这本书比那本书更难懂。 ［句式Ⅳ］

“更”系的其他程度副词如“更”类的“更加、更为”等，“越”类的“越、越加、越发、愈加、愈发”等，“尤其”类的“尤其、尤为、尤”等，一般也能进入上述比较句式，只是也有风格色彩或音节要求上的差异。关于“更”系程度副词进入比较句式，还有两点要注意：

第一，“更”系程度副词都不能进入句式Ⅲ。我们不说：

（18）* 在我们班上，小张更 / 更（为）/ 越（发）/ 尤其高。

［句式Ⅲ］

第二，“还$_1$”虽属于“更”类程度副词，但有其自身的用法特点，它只能用于“比”字句。（参看第五讲）

（三）“很”“更”“最”三系程度副词再比较。

“很”“更”“最”这三系程度副词用法上的不同，让我们更清楚地了解、认识它们意义上的差异。“很”系程度副词都不能用于比较，而“更”系和“最”系都能用于比较。王力先生曾从意义上将程度副词分为绝对程度副词和相对程度副词两类，[①]我们所说的“很”系各类程度副词，正是王力先生所说的绝对程度副词；我们所说的“更”系各类程度副词和“最”系程度副词，正是王力先生所说的相对程度副词。这里我们从程度副词的功能上进一步证实了王力先生对程度副词分类的合理性。“更”系和“最”系都能用于比较，但二者在用法上还存在着明显的区别。“最”系可进入句式Ⅲ“在……中 / 上，X + 程度副词 + 形容词性词语”。例如：

（19）在他们当中，小华最聪明。［句式Ⅲ］

（20）在我们班上，小张最高。［句式Ⅲ］

（21）在这几家工厂中，东风厂设备最为先进。［句式Ⅲ］

（22）在这些房间中，302 房间顶干净了。［句式Ⅲ］

而“更”系程度副词不能进入句式Ⅲ，所以上面各例中的“最、最为、顶”都不能换成“更”系程度副词（以“更 / 更加”为代表），我们不说：

（19′）* 在他们当中，小华更 / 更加聪明。［句式Ⅲ］

（20′）* 在我们班上，小张更 / 更加高。［句式Ⅲ］

（21′）* 在这几家工厂中，东风厂设备更 / 更加先进。［句式Ⅲ］

（22′）* 在这些房间中，302 房间更 / 更加干净了。［句式Ⅲ］

反之，“更”系各类程度副词都能进入句式Ⅳ“X + 比 Y + 程

---

① 参看王力《中国现代语法》第三章第十九节“副词”，商务印书馆，1943 年初版，1992 年汉语语法丛书版。

度副词＋形容词性词语”，也就是说都能用于“比”字句。例如：

（23）这本书比那本书更/更加有趣。 ［句式Ⅳ］

（24）302 房间比 303 房间更为干净。 ［句式Ⅳ］

（25）东风厂的设备比京华厂越加先进。 ［句式Ⅳ］

（26）小宝比小时候越发淘气了。 ［句式Ⅳ］

（27）他比刚来的时候愈加沉默寡言了。 ［句式Ⅳ］

（28）王平比张军还$_1$勤奋。 ［句式Ⅳ］

而“最”系程度副词都不能进入句式Ⅳ，即不能用于“比”字句。上面各例中的“更、更加、更为、越加、越发、愈加、还$_1$”等都不能用“最”系程度副词替换（以“最/最为”为代表），我们不说：

（23′）* 这本书比那本书最/最为有趣。 ［句式Ⅳ］

（24′）*302 房间比 303 房间最/最为干净。 ［句式Ⅳ］

（25′）* 东风厂的设备比京华厂最/最为先进。 ［句式Ⅳ］

（26′）* 小宝比小时候最/最为淘气了。 ［句式Ⅳ］

（27′）* 他比刚来的时候最/最为沉默寡言了。 ［句式Ⅳ］

（28′）* 王平比张军最/最为勤奋。 ［句式Ⅳ］

“更”系和“最”系程度副词显然都能进入句式Ⅰa（“相比之下，X＋程度副词＋形容词性词语”）、句式Ⅰb（“比较起来，X＋程度副词＋形容词性词语”）、句式Ⅱa（“跟Y相比，X＋程度副词＋形容词性词语”）、句式Ⅱb（“比起Y来，X＋程度副词＋形容词性词语”）各句式，但也还有区别：

第一，用“最”系程度副词时，形容词后面绝对不能带数量成分“一些/一点儿”，例如：

（29）相比之下，这个教室最干净。 ［句式Ⅰa］

* 相比之下，这个教室最干净一些。

（30）比较起来，他最好。［句式Ⅰb］

*比较起来，他最好一点儿。

（31）跟别的房间相比，302房间最为干净。［句式Ⅱa］

*跟别的房间相比，302房间最为干净些。

（32）比起别的工厂来，东风厂设备顶先进了。［句式Ⅱb］

*比起别的工厂来，东风厂设备顶先进一些了。

而用“更”系程度副词时，则没有这个限制，例如：

（33）相比之下，这个教室更干净。［句式Ⅰa］

相比之下，这个教室更干净一些。［句式Ⅰa］

（34）比较起来，他更加好。［句式Ⅰb］

比较起来，他更加好一点儿。［句式Ⅰb］

（35）跟别的房间相比，302房间更为干净。［句式Ⅱa］

跟别的房间相比，302房间更为干净一些。［句式Ⅱa］

（36）比起前几年来，东风厂设备越发先进了。［句式Ⅱb］

比起前几年来，东风厂设备越发先进些了。［句式Ⅱb］

第二，在句式Ⅱa和句式Ⅱb里，用“最”系程度副词要受到限制，那就是比较对象Y只限于“别的/其他的+名词性成分”，用“更”系程度副词，则没有这种限制。试比较：

（37）a. 跟别的班相比，四班更活跃。［句式Ⅱa］

b. 跟别的班相比，四班最活跃。［句式Ⅱa］

（38）a. 跟三班相比，四班更活跃。［句式Ⅱa］

b.* 跟三班相比，四班最活跃。［句式Ⅱa］

（39）a. 比起其他同学来，王平进步更快。［句式Ⅱb］

b. 比起其他同学来，王平进步最快。［句式Ⅱb］

（40）a. 比起张华来，王平进步更快。［句式Ⅱb］

b.* 比起张华来，王平进步最快。［句式Ⅱb］

上面我们把表示程度深的程度副词分为三个系列，现在看来，这三个系列事实上并不在一个平面上，如下图所示：

**绝对程度副词：“很”系程度副词**

**相对程度副词：{“更”系程度副词<br>“最”系程度副词}**

## 三、表示程度浅的程度副词在比较句式中的分布

现在来考察表示程度浅的程度副词在上述比较句式中的分布情况。表示程度浅的程度副词也可以分为三个系：

“有点儿”系：有点儿、有些。

“稍微”系：稍微、稍、稍稍、多少、略微、略略。

“比较”系：比较、较、较为、还$_2$。

这里值得我们注意的是，表示程度浅的三个系列的程度副词跟前面所讲的表示程度深的三个系列的程度副词明显地存在一种分类上的平行现象。具体说，“有点儿”系相当于“很”系，“稍微”系相当于“更”系，“比较”系相当于“最”系。

（一）“有点儿”系程度副词分布。

“有点儿”系程度副词，跟“很”系程度副词相类同，在意义上也表示绝对程度，在用法上，也不能进入上述任何一个比较句式。我们不说：

（1）*相比之下，今天有点儿／有些热。 ［句式Ⅰa］

（2）*比较起来，他有点儿／有些高。 ［句式Ⅰb］

（3）*跟别的同学比，他有点儿／有些笨。 ［句式Ⅱa］

（4）*比起别的房间来，这个房间有点儿／有些脏。 ［句式Ⅱb］

（5）*在我们班上，张军跑得有点儿／有些快。 ［句式Ⅲ］

（6）*他比你有点儿/有些矮。　　[句式Ⅳ]

上面句子里的"有点儿/有些+形容词性词语"要改说为"形容词性词语+一点儿/一些"，如例（1）要改说为：

（1′）相比之下，今天热点儿/热些。　　[句式Ⅰa]

（二）"稍微"系和"比较"系程度副词分布。

"稍微"系和"比较"系，分别跟"更"系和"最"系相类同。在意义上它们也表示相对程度，在用法上它们也能分别进入某些比较句式。下面是"稍微"类的例子：

（7）相比之下，你的孩子稍微懂事一点儿。　　[句式Ⅰa]

（8）比较起来，这种说法稍稍可信一些。　　[句式Ⅰb]

（9）跟别的同学相比，他稍高一点儿。　　[句式Ⅱa]

（10）比起别的房间来，这个房间多少干净一些。　　[句式Ⅱb]

（11）他比你略微矮一点儿。　　[句式Ⅳ]

下面是"比较"类的例子：

（12）相比之下，你的孩子比较懂事。　　[句式Ⅰa]

（13）比较起来，这种说法较为可信。　　[句式Ⅰb]

（14）跟别的同学相比，他较高。　　[句式Ⅱa]

（15）比起别的房间，这个房间还$_2$干净。　　[句式Ⅱb]

（16）在我们班上，张军跑得比较快。　　[句式Ⅲ]

（三）"有点儿""稍微""比较"三系程度副词再比较。

"有点儿""稍微""比较"这三系程度副词用法上的不同，也让我们更清楚地了解、认识它们在意义上的差异。跟表示程度深的"很"系、"更"系、"最"系的情况相类似，"有点儿"如同"很"系，属于绝对程度副词，不能用于比较；"稍微"和"比较"如同"更"系和"最"系，属于相对程度副词，能用于比较。

"稍微"系和"比较"系，虽都能用于比较，但它们在用法上还存在类似“更”系和“最”系的区别：

“稍微”系程度副词跟“更”系程度副词一样，都能进入句式Ⅳ“X + 比 Y + 程度副词 + 形容词性词语”，即都能用于“比”字句。例如：

（17）华华比苹苹稍微高一点儿。［句式Ⅳ］

（18）这根绳子比那根稍长一点儿。［句式Ⅳ］

（19）他比你稍稍多一些。［句式Ⅳ］

（20）赵兴比李华多少强一点儿。［句式Ⅳ］

（21）这个教室比那个教室略微／略略干净一些。［句式Ⅳ］

而“比较”系程度副词都不能进入句式Ⅳ，即都不能用于“比”字句。上面各例中的“稍微、稍、稍稍、多少、略微、略略”都不能用“比较”系程度副词替换（以“比较”为代表），请看：

（17′）* 华华比苹苹比较高一点儿。

（18′）* 这根绳子比那根比较长一点儿。

（19′）* 他比你比较多一些。

（20′）* 赵兴比李华比较强一点儿。

（21′）* 这个教室比那个教室比较干净一些。

“比较”系跟“最”系一样可以进入句式Ⅲ“在……中／上，X + 程度副词 + 形容词性词语”。例如：

（22）在你们当中，小王比较能干。［句式Ⅲ］

（23）在我们班上，李华较高。［句式Ⅲ］

（24）在这些房间中，302 房间较为干净。［句式Ⅲ］

（25）在所有的绳子中，这根绳子还$_2$结实一点儿。［句式Ⅲ］

而“稍微”系程度副词则都不能进入这个句式，上面各例中的“比较、较、较为、还$_2$”都不能换成“稍微”系程度副词。我们不说：

（22′）* 在你们当中，小王稍微能干。

(23′) * 在我们班上，李华稍微高。

(24′) * 在这些房间中，302 房间稍微干净。

(25′) * 在所有的绳子中，这根绳子稍微结实一点儿。

“比较”系和“稍微”系程度副词虽然都能进入句式Ⅰa、句式Ⅰb、句式Ⅱa、句式Ⅱb，但也还有区别：

第一，用“比较”系程度副词时，形容词后可以带数量成分“一些/一点儿”，也可以不带。例如：

(26) 相比之下，你的孩子比较懂事一些。［句式Ⅰa］

相比之下，你的孩子比较懂事。［句式Ⅰa］

(27) 比较起来，这个地方较为安静一些。［句式Ⅰb］

比较起来，这个地方较为安静。［句式Ⅰb］

(28) 跟别的工厂相比，这个工厂设备较好一点儿。［句式Ⅱa］

跟别的工厂相比，这个工厂设备较好。［句式Ⅱa］

(29) 比起别的房间来，这个房间还干净一点儿。［句式Ⅱb］

比起别的房间来，这个房间还干净。［句式Ⅱb］

而用“稍微”系程度副词时，形容词后则一定要带数量成分“一些/一点儿”。例如：

(30) 相比之下，你的孩子稍微懂事一些。［句式Ⅰa］

* 相比之下，你的孩子稍微懂事。［句式Ⅰa］

(31) 比较起来，这个地方略微安静一些。［句式Ⅰb］

* 比较起来，这个地方略微安静。［句式Ⅰb］

(32) 跟别的工厂相比，这个工厂设备稍稍好一点儿。［句式Ⅱa］

* 跟别的工厂相比，这个工厂设备稍稍好。［句式Ⅱa］

(33) 比起别的房间来，这个房间多少干净一点儿。［句式Ⅱb］

* 比起别的房间来，这个房间多少干净。［句式Ⅱb］

第二，在句式Ⅱa和句式Ⅱb里，用“比较”系程度副词要受到限制，即Y只限于“别的/其他的+名词性成分”，而用“稍微”系程度副词，则没有这个限制。试比较：

（34）跟别的同学相比，小张稍微高一点儿。［句式Ⅱa］

跟别的同学相比，小张比较高一点儿。［句式Ⅱa］

（35）跟小王相比，小张稍微高一点儿。［句式Ⅱa］

*跟小王相比，小张比较高一点儿。［句式Ⅱa］

（36）比起其他的房间来，302房间多少干净一些。［句式Ⅱb］

比起其他的房间来，302房间较为干净一些。［句式Ⅱb］

（37）比起303房间来，302房间多少干净一些。［句式Ⅱb］

*比起303房间来，302房间较为干净一些。［句式Ⅱb］

综上看来，“有点儿”系、“稍微”系、“比较”系程度副词，跟表示程度深的“很”系、“更”系、“最”系的情况一样，也不在一个平面上。其关系可表示如下：

**绝对程度副词：“有点儿”系**

**相对程度副词：{“稍微”系 / “比较”系}**

## 四、表示程度深和程度浅的程度副词综合比较

通过上面的考察我们可以了解到：

（一）表示程度深的“很”系程度副词，属于绝对程度副词，不用于比较，不能用于“比”字句。“最”系和“更”系程度副词，属于相对程度副词。其中，“最”系程度副词能用于比较，但不能用于“比”字句；而“更”系程度副词能用于比较，也能用于“比”字句。

（二）表示程度浅的“有点儿”系程度副词，属于绝对程度副词，

不用于比较，不能用于“比”字句。“比较”系和“稍微”系程度副词，属于相对程度副词。其中“比较”系程度副词能用于比较，但不能用于“比”字句；而“稍微”系程度副词能用于比较，也能用于“比”字句。

以上所述，可列如下表：

| 程度 | 例词 | 用于比较 | 用于“比”字句 |
|---|---|---|---|
| 深 | “很”系 | − | − |
| | “更”系 | + | + |
| | “最”系 | + | − |
| 浅 | “比较”系 | + | − |
| | “稍微”系 | + | + |
| | “有点儿”系 | − | − |

从上面这个表中我们可以看到，表示程度深的程度副词跟表示程度浅的程度副词之间，存在着分类上的平行现象，形成倒影关系（或称镜像关系）。

# 第三讲
# 表示程度深的副词"很""挺""怪""蛮""老"

上一讲我们对现代汉语里的程度副词做了一个总的说明，这一讲我们对最常用的表示程度深的几个同义的程度副词"很""挺""怪""蛮""老"进行辨析，以使大家对它们各自在意义上的细微差异和用法上的不同，能有比较清楚的认识。

"很"是大家熟知的"表示程度高"的程度副词。在词典里，"挺""怪""蛮""老"也都有一个表示程度高的义项，一般都直接用"很"来加以注释。如《新华字典》[①]：

挺 ❸ 副词，很：～好 |～和气。

怪 ❸ 副词，很；非常：～好的天气 | 这孩子～讨人喜欢的。

蛮 ❸（方）副词，很：～好 |～快。

老 ❷ 副词，极，很：～早 |～远。

《现代汉语词典》[②] 等辞书与之雷同。这样，就会给汉语学习者一种错觉："很""挺""怪""蛮""老"它们作为程度副词时，其意思、用法都是一样的。实际上并不是这样。

---

①《新华字典》（第 11 版），商务印书馆，2011 年。

② 中国社会科学院语言研究所词典编辑室编《现代汉语词典》（第 6 版），商务印书馆，2012 年。

## 一、"很""挺""怪""蛮""老"有共同点

（一）从意义上看，都表示程度深，或者说程度高，有时候可以通用。例如：

（1）那被子很厚的。

例（1）中的"很"可以用"挺""怪""蛮""老"代替，分别说成例（2）a、b、c、d 各句，而意思基本不变：

（2）a. 那被子挺厚的。

b. 那被子怪厚的。

c. 那被子蛮厚的。

d. 那被子老厚的。

（二）从用法上看，都不能用于比较句式，包括"比"字句。

例（1）、例（2）都属于"非比较"句式，都能说；下面的句子都属于比较句式，都不能成立，我们不说：

（3）* 相比之下，那被子很 / 挺 / 怪 / 蛮 / 老厚的。

（4）* 比较起来，那被子很 / 挺 / 怪 / 蛮 / 老厚的。

（5）* 跟这些被子相比，那被子很 / 挺 / 怪 / 蛮 / 老厚。

（6）* 比起这些被子来，那被子很 / 挺 / 怪 / 蛮 / 老厚。

（7）* 在所有被子中，那被子很 / 挺 / 怪 / 蛮 / 老厚的。

（8）* 那被子比这条被子很 / 挺 / 怪 / 蛮 / 老厚。

正因为这组程度副词不能用于比较的句子，因此从王力先生《中国现代语法》开始，将这些程度副词称为"绝对程度副词"[①]。

"很""挺""怪""蛮""老"有共同点，但是它们又各有

---

① 参看王力《中国现代语法》第三章第十九节"副词"，商务印书馆，1943 年初版，1992 年汉语语法丛书版。

不同的差异。这也可以从意义和用法两个方面来看。



## 二、“很”“挺”“怪”“蛮”“老”在意义上的差异

它们意义上的差别体现在以下两方面：

一是风格色彩不同。“很”，书面语、口语都常用；“挺”“怪”“蛮”“老”都是口语词，在正式文告和政论文中都不用这些程度副词。

二是感情色彩不同。“很”“挺”不带感情色彩；“怪”“蛮”“老”都带有一定的感情色彩。

“怪”带有亲昵、满意、爱抚、俏皮的感情色彩。例如：

（1）这孩子怪机灵的。

（2）她们俩怪亲热的。

（3）这孩子怪招人喜欢的。

（4）怪聪明的一个小姑娘，手也勤，嘴也巧。

（5）奶奶逗着小孙孙说：“宝宝怪臭的，洗洗就香啦！”

有时，“怪”表示一种说不出的、没法形容的心理感受，例如：

（6）这么多人，怪难为情的。

（7）别闹得太厉害了，弄得人家新娘子怪不好意思的。

（8）怪说不出口的，你叫我怎么说啊！

（9）心里怪难受的，说不出是什么滋味。

下面的句子都不能用“怪”：

（10）*敌人怪残酷的。

（11）*忽然，他的态度变得怪严肃的。

因为例（10）、例（11）都不含有上述亲昵、满意、爱抚、俏皮的感情色彩。注意，例（11）的“怪严肃的”如果出现在下面的句子里，就可以说了：

（12）妈妈一边看，一边说："冬冬平时那么淘气，今天演起老师来，还怪严肃的。"

因为例（12）这个句子含有亲昵、满意、爱抚、俏皮的感情色彩。

"蛮"来自方言（主要是苏浙吴方言、湖北鄂方言等），方言色彩很浓。在普通话里用"蛮"往往含有褒义，只用于修饰表示喜爱意思的形容词和动词性词语。例如：

（13）你闺女蛮可爱的。

（14）这地方很好，蛮安静的。

（15）这玩具倒蛮有意思的。

（16）你这房间的布置蛮有诗意的。

"老"则常常带有说话人不喜爱的感情色彩。例如：

（17）老远的，不想去了。

（18）老长的胡子，留着干吗?

（19）这靴子老沉的，我不要。

（20）那被子老厚的，热死了。

下面的例子都表示喜爱的或合意的事情，用"老"就不合适：

（21）* 这姑娘眼睫毛老长的，十分好看。

（22）* 你看这根绳子老粗的，该合你的意了吧！

## 三、"很""挺""怪""蛮""老"在用法上的差异

从具体用法上来看，它们的差异主要表现在所修饰的词语范围宽窄不同。

（一）修饰形容词（不包括状态形容词和非谓形容词[①]）。

“很”所能修饰的形容词，范围最宽，一般的形容词都能受它修饰。例如：

（1）很可爱　很聪明　很干净　很和气　很动人　很严肃
　　很尖锐　很普遍　很随便　很片面　很难受　很卑鄙
　　很帅　很棒　很好　很红　很大　很小
　　很远　很近　很深　很浅　很轻　很重
　　很坏　很丑　很臭　很辣　很酸　很淡

“挺”所能修饰的形容词，其范围接近“很”，许多能受“很”修饰的形容词，也能受“挺”的修饰。上面的“很”都能换用“挺”。

（2）挺可爱　挺聪明　挺干净　挺和气　挺动人　挺严肃
　　挺尖锐　挺普遍　挺随便　挺片面　挺难受　挺卑鄙
　　挺帅　挺棒　挺好　挺红　挺大　挺小
　　挺远　挺近　挺深　挺浅　挺轻　挺重
　　挺坏　挺丑　挺臭　挺辣　挺酸　挺淡

但由于“挺”是口语词，所以一些能受“很”修饰的典型的书面语词不能受“挺”的修饰。试比较：

（3）很寒冷—*挺寒冷　很悲愤—*挺悲愤
　　很壮观—*挺壮观　很昌盛—*挺昌盛
　　很审慎—*挺审慎　很迅猛—*挺迅猛
　　很萧条—*挺萧条　很聪颖—*挺聪颖

“怪”所能修饰的形容词，范围又比“挺”要窄。“挺”不能

① 状态形容词是指“雪白（的）、红彤彤（的）、雪白雪白（的）、红红的、干干净净（的）、很红（的）、挺干净（的）”等，现也径直称为“状态词”。非谓形容词是指“男、女、公、母、正、副”和“共同、局部、国营、民营”等，现一般径直称为“区别词”。

修饰的典型的书面语词，“怪”也不能修饰。例如不说：

（4）* 怪寒冷的　* 怪悲愤的　* 怪壮观的　* 怪昌盛的

（5）* 怪审慎的　* 怪迅猛的　* 怪萧条的　* 怪聪颖的

除此外，不便于表示亲昵、满意、爱抚、俏皮等感情色彩的形容词，不便于表示“说不出的没法形容的心理感受”的形容词，即便是口语词，也都不能受“怪”修饰，如不说：

（6）* 怪对的　* 怪大的　* 怪近的　* 怪坏的

（7）* 怪普遍的　* 怪平常的　* 怪随便的　* 怪下流的

（8）* 怪厌恶的　* 怪糟心的　* 怪惭愧的　* 怪痛苦的

“蛮”所能修饰的形容词，范围比“怪”还窄。“怪”不能修饰的典型的书面语词，“蛮”自然也不能修饰；“怪”能修饰的某些口语词，“蛮”也不能修饰。试比较：

（9）怪脏的—* 蛮脏的　怪难受的—* 蛮难受的

怪痒的—* 蛮痒的　怪难为情的—* 蛮难为情的

怪痛的—* 蛮痛的　怪说不出口的—* 蛮说不出口的

怪腻的—* 蛮腻的　怪下不来台的—* 蛮下不来台的

这是因为“蛮”只用于修饰表示喜爱意思的形容词。

“老”所能修饰的形容词，范围最窄。它只能修饰有限的一部分单音节形容词，一般是往大里说的量度形容词，例如：

（10）（那地方）老远的　（他那胡子）老长的

（那箱子）老沉的

（11）（那棍子）老粗的　（那癞蛤蟆）老大的

（这被子）老厚的

不能说：①

① 在有的方言里，如上海话，“老”修饰形容词没有意义上的选择性，这四组都能用“老”。

（12）（那地方）* 老近的　（他那胡子）* 老短的

（那箱子）* 老轻的

（13）（那棍子）* 老细的　（那癞蛤蟆）* 老小的

（这被子）* 老薄的

（二）修饰动词性成分。

除了“老”不能修饰动词性成分外（“老下雨”“老哭”里的“老”是时间副词），“很”“挺”“怪”“蛮”都能修饰动词性成分，但又各有特色。

“很”能修饰某些表示心理活动、表示意愿的动词。例如：

（14）很想　很爱　很怕　很恨

（15）很喜欢　很欢迎　很希望　很愿意

（16）很担心　很惦记　很讨厌　很厌恶

还能修饰某些述宾结构，例如：

（17）小王很善于学习。

（18）这样做很合乎情理。

（19）他很觉得不安。

（20）这个办法很解决问题。

（21）这很有诗意。

（22）（那）很花时间。

这些受“很”修饰的述宾结构，其中的动词都不能直接受“很”修饰，我们不能说“* 很善于”“* 很合乎”“* 很觉得”“* 很解决”“* 很有”“* 很花”，只有带上宾语组成述宾结构后，整个结构才能受“很”的修饰。这些动词中，有的是粘着动词，它一出现就必须带宾语，如例（17）—例（19）里的“善于”“合乎”“觉得”；有的不是粘着动词，可以单独出现，但是如要受“很”修饰，就必须带上宾语，如例（20）—例（22）中的“解决”“有”“花”等。

在修饰动词性成分上，“很”还有一个特别的用法，那就是它可以修饰一个“动词＋了＋数·量·（名）”述宾结构。例如：

（23）很念了一些书　很花了一些时间　很喝了几杯酒

（24）很跑了几趟　很找了一阵子　很看了几眼

再说程度副词“挺”。在修饰动词性成分上“挺”跟“很”大同小异。跟“很”一样，能修饰表示心理活动和表示意愿的动词。上面所举的例（14）—例（16）里的“很”都能替换成“挺”，请看：

（14′）挺想　挺爱　挺怕　挺恨

（15′）挺喜欢　挺欢迎　挺希望　挺愿意

（16′）挺担心　挺惦记　挺讨厌　挺厌恶

同样，在修饰某些述宾结构上，情况跟“很”也完全相同。所以，上面所举的例（17）—例（22）里的“很”也都能换用“挺”，请看：

（17′）小王挺善于学习。

（18′）这样做挺合乎情理。

（19′）他挺觉得不安。

（20′）这个办法挺解决问题。

（21′）这挺有诗意。

（22′）（那）挺花时间。

但是“挺”不能修饰“动词＋了＋数·量·（名）”述宾结构，所以上面例（23）、例（24）里的“很”不能换作“挺”，即不能说成：

（23′）*挺念了一些书　*挺花了一些时间　*挺喝了几杯酒

（24′）*挺跑了几趟　*挺找了一阵子　*挺看了几眼

现在说程度副词“怪”。“怪”能修饰表示心理活动和表示意愿的动词，例如：

（25）怪想的　怪惦记的　怪担心的　怪喜欢的　怪想念的

但在修饰述宾结构时，“怪”只能修饰少量由“有”构成的述宾结构。例如：

（26）怪有意思的　怪有诗意的　怪有眼光的　怪有能耐的

注意，“怪”修饰动词性成分跟修饰形容词一样，后面必须有“的”跟它搭配。例（25）、例（26）如果将例子里的“的”删去，就非常不自然，请看：

（25′）* 怪想　* 怪惦记　* 怪担心　* 怪喜欢　* 怪想念

（26′）* 怪有意思　* 怪有诗意　* 怪有眼光　* 怪有能耐

现在看程度副词“蛮”。“蛮”也可以修饰某些动词性成分，但在色彩上一般是表示好的意思的，所以远不如“很”“挺”用得多。例如：

（27）蛮想（的）　蛮喜欢（的）　蛮惦记她（的）

（28）蛮有意思（的）　蛮有诗意（的）　蛮有眼光（的）

（29）蛮解决问题（的）　蛮合乎情理（的）

（三）跟否定副词“不”的连用情况。

“很”系程度副词跟否定副词“不”连用，有两种格式：

**格式Ⅰ：不 + 程度副词 + 形容词 / 动词。**

**格式Ⅱ：程度副词 + 不 + 形容词 / 动词。**

先说格式Ⅰ“不 + 程度副词 + 形容词 / 动词”。

只有“很”能进入这个格式，即只有“不 + 很 + 形容词 / 动词”的说法。例如：

（30）不很可爱　不很高兴　不很好看　不很干净

（31）不很远　不很厚　不很轻　不很浅

（32）不很喜欢　不很担心　不很反对　不很支持

例（30）、例（31）是“不 + 程度副词 + 形容词”，例（32）是“不 + 程度副词 + 动词”。

"挺"不能直接进入格式 I，除非在"不"后加"是"，如例（30）—例（32）可以说成下面的 a 句，不能说成 b 句[①]：

（30′）a. 不是挺可爱　不是挺高兴　不是挺好看　不是挺干净

b.？不挺可爱　？不挺高兴　？不挺好看　？不挺干净

（31′）a. 不是挺远　不是挺厚　不是挺轻　不是挺浅

b.？不挺远　？不挺厚　？不挺轻　？不挺浅

（32′）a. 不是挺喜欢　不是挺担心　不是挺反对　不是挺支持

b.？不挺喜欢　？不挺担心　？不挺反对　？不挺支持

可是，加进"是"之后，"不 + 是 + 程度副词 + 形 / 动"就不属于我们所说的格式了。

"怪""蛮""老"绝对不能进入格式 I，即使加"是"，一般也不说。请看：

（30″）a.* 不怪可爱　* 不怪高兴　* 不怪好看　* 不怪干净

b.* 不蛮可爱　* 不蛮高兴　* 不蛮好看　* 不蛮干净

c.* 不是怪可爱　* 不是怪高兴　* 不是怪好看　* 不是怪干净

d.* 不是蛮可爱　* 不是蛮高兴　* 不是蛮好看　* 不是蛮干净

（31″）a.* 不怪远　* 不怪厚　* 不怪轻　* 不怪浅

b.* 不蛮远　* 不蛮厚　* 不蛮重　* 不蛮长

c.* 不老远　* 不老厚　* 不老重　* 不老长

d.* 不是怪远　* 不是怪厚　* 不是怪轻　* 不是怪浅

e.* 不是蛮远　* 不是蛮厚　* 不是蛮重　* 不是蛮长

---

① 关于 b 句，我们曾在小范围里咨询过一些北京人，持否定意见的多一些，所以我们在 b 句各例头上打了个问号。

f.* 不是老远　* 不是老厚　* 不是老重　* 不是老长

（32″）a.* 不怪喜欢　* 不怪担心　* 不怪反对　* 不怪支持

b.* 不蛮喜欢　* 不蛮担心　* 不蛮反对　* 不蛮支持

c.* 不是怪喜欢　* 不是怪担心　* 不是怪反对

* 不是怪支持

d.* 不是蛮喜欢　* 不是蛮担心　* 不是蛮反对

* 不是蛮支持

只有在反问句里才可以这样用，但末尾得加“的”。请看：

（33）a. 不是怪可爱的吗？

不是怪高兴的吗？

不是怪好看的吗？

不是怪干净的吗？

b. 不是蛮可爱的吗？

不是蛮高兴的吗？

不是蛮好看的吗？

不是蛮干净的吗？

（34）a. 不是怪远的吗？

不是怪厚的吗？

不是怪轻的吗？

不是怪浅的吗？

b. 不是蛮远的吗？

不是蛮厚的吗？

不是蛮重的吗？

不是蛮长的吗？

c. 不是老远的吗？

不是老厚的吗？

不是老重的吗?

不是老长的吗?

(35)a. 不是怪喜欢的吗?

不是怪担心的吗?

不是怪反对的吗?

不是怪支持的吗?

b. 不是蛮喜欢的吗?

不是蛮担心的吗?

不是蛮反对的吗?

不是蛮支持的吗?

但是这已经不属于我们所说的格式 I 了。

现在说说格式Ⅱ"程度副词 + 不 + 形容词 / 动词"。

"很""挺"可以进入这个格式。例如:

(36)很 / 挺不踏实　　很 / 挺不高兴

(37)很 / 挺不文明　　很 / 挺不懂事

(38)很 / 挺不满意　　很 / 挺不喜欢

(39)很 / 挺不支持　　很 / 挺不赞成

例(36)、例(37)是"程度副词 + 不 + 形容词",例(38)、例(39)是"程度副词 + 不 + 动词"。

"怪"很少有这种用法,除"怪不好意思的""怪不自在的""怪不耐烦的"外,很难再找到别的例子。我们可以认为"怪不好意思的""怪不自在的""怪不耐烦的"已凝固化为熟语了。

"蛮""老"则完全没有这种用法。

关于格式Ⅱ"很 / 挺 + 不 + 形容词 / 动词",还要注意两点:

第一,能进入这个格式的形容词要受到一定的限制,换句话说形容词对格式Ⅱ"很 / 挺 + 不 + 形容词"有选择性。据考察,能进入这一格式的只限于以下两小类形容词：

一类是表示积极意义的形容词。例如：

（40）很／挺不虚心　　　　＊很／挺不骄傲

（41）很／挺不坚强　　　　＊很／挺不软弱

（42）很／挺不正确　　　　＊很／挺不错误

（43）很／挺不老实　　　　＊很／挺不狡猾

（44）很／挺不轻松　　　　＊很／挺不沉重

另一类是往小里说的量度形容词，一般末尾要带“了”。例如：

（45）你挣的钱很不少了。　　　＊你挣的钱很不多。

（46）这房子很不低了。　　　＊这房子很不高了。

（47）你已经很不小了。　　　＊你已经很不大了。

（48）这根竹竿很不短了。　　　＊这根竹竿很不长了。

（49）这个坑挖得很不浅了。　　　＊这个坑挖得很不深了。

上面所说的两条似乎都有例外。就前一条而言，现代汉语中的“错”，是表示消极意义的形容词，可是我们可以说“很不错”；就后一条而言，“深”是往大里说的形容词，可是我们可以说“理解很不深”。其实，这两个例子都不是例外。“很不错”里的“错”不是“对”的反义词，“不错”本身已经是一个表示“对；正确”的形容词。《现代汉语词典》等许多辞书已经收录了这个词，并标为“形”。因此，“很不错”不属于“很＋不＋形容词”的格式。而“很不深”虽属于“很＋不＋形容词”的格式，但其中的“深”不属于“量度形容词”；这里的“深”是“深刻；深入”的意思。[①]

第二，能进入这个格式的动词一般是表示心理活动或意愿的动

① 关于“不错”和“深”的意义，分别参看《现代汉语词典》（第6版）（商务印书馆，2012年）词条“不错”和“深”字头义项的释义。

词，而在色彩上跟形容词一样——表示积极意义的可以进入。例如：

（50）很 / 挺不喜欢（你）　　　　* 很 / 挺不讨厌（你）

很 / 挺不相信　　　　* 很 / 挺不怀疑

很 / 挺不支持　　　　* 很 / 挺不反对

很 / 挺不放心　　　　* 很 / 挺不担心

（四）与“的”的配合情况。

“很”“挺”“怪”“蛮”“老”修饰形容词性成分、动词性成分时，后面都可以有“的”与之配合。例如：

（51）路很远的，你不要去了。

（52）这孩子挺聪明的。

（53）他们俩怪亲热的。

（54）这衣服蛮漂亮的。

（55）胡子老长的，还不刮刮！

所不同的是，“很”“挺”“蛮”“老”不要求后面一定要有“的”与之配合，而“怪”要求必须有“的”与之相配。试比较：

（56）路很远的，你不要去了。

路很远，你不要去了。

（57）这孩子挺聪明的，什么事一说就明白。

这孩子挺聪明，什么事一说就明白。

（58）这衣服蛮漂亮的，你就买了吧。

这衣服蛮漂亮，你就买了吧。

（59）他胡子老长的，像个野人似的。

他胡子老长，像个野人似的。

（60）她们俩怪亲热的，像一对亲姊妹。

* 她们俩怪亲热，像一对亲姊妹。

# 第四讲
# 表示程度浅的副词“有（一）点儿”“稍微”“多少”“比较”

这一讲主要想跟大家讲讲表示程度浅的副词“有（一）点儿”，并辨析“有（一）点儿”“稍微”“多少”“比较”四者的异同。

这里首先需要跟大家交代说明，在现代汉语里我们会看到两个“有（一）点儿”：一个是“有（一）点儿脏”“有（一）点儿冷”里的“有（一）点儿”；另一个是“有（一）点儿水”“有（一）点儿钱”里的“有（一）点儿”。“有（一）点儿脏”“有（一）点儿冷”跟“有（一）点儿水”“有（一）点儿钱”表面看差不多，实际上是很不一样的。它们的结构性质就不一样，稍做层次分析就看出来了。请看：

（1）a. 有（一）点儿　冷
　　　有（一）点儿　脏
　　　____1____　2　　　1–2 “状－中”关系

　　b. 有（一）点儿　水
　　　有（一）点儿　钱
　　　1　____2____　　　1–2 述宾关系
　　　　___3___　4　　　3–4 “定－中”关系

不难看出，在a例里，“有（一）点儿”是一个合法的组合，已成为一个词，它是一个表示程度浅的副词。在b例里，“有”和

“（一）点儿”则根本就不在一个层面，“有（一）点儿”不是一个合法的组合，更不是一个词——“（一）点儿”先跟后面的“水 / 钱”组合成偏正结构“（一）点儿水 / 钱”，然后这个偏正结构再做“有”的宾语，构成一个述宾结构。再说，b 例可以演化出另一种说法：

一点儿水都 / 也没有

一点儿钱都 / 也没有

而 a 例不能演化出这种说法，我们不说：

* 一点儿冷都 / 也没有

* 一点儿脏都 / 也没有

本讲要说的是“有（一）点儿脏”“有（一）点儿冷”里的“有（一）点儿”，一般就说成“有点儿”。这是一个程度副词，表示程度浅。

## 一、“有点儿”对所修饰的形容词有选择性

程度副词“有点儿”修饰形容词，会出现一些很有意思的现象。请看：

（1）a. 有点儿大　　　有点儿小　　　［前者、后者都能说］

b.* 有点儿不大　　* 有点儿不小　［前者、后者都不能说］

c. 有点儿骄傲　　* 有点儿虚心［前者能说，后者不能说］

d.* 有点儿不骄傲　有点儿不虚心［前者不能说，后者能说］

大家看，情况复杂吧！给人的感觉似乎没有规律。以汉语为母语的中国人都会用副词“有点儿”，因为我们有丰富的语感。可是外国学生用起副词“有点儿”来就感到为难了。到底它能修饰什么样的形容词，不能修饰什么样的形容词，这内中有没有规律可循？语言事实告诉我们，是有规律可循的。

请先看修饰含有主观色彩形容词的情况：

（2）有点儿笨　　　　＊有点儿聪明
有点儿脏　　　　＊有点儿干净
有点儿骄傲　　　＊有点儿虚心
有点儿危险　　　＊有点儿安全
有点儿野蛮　　　＊有点儿文明
有点儿小气　　　＊有点儿大方
有点儿虚伪　　　＊有点儿诚恳
有点儿粗心　　　＊有点儿细心
有点儿难受　　　＊有点儿舒服
有点儿消极　　　＊有点儿积极
有点儿本位　　　＊有点儿顾全大局
有点儿做作　　　＊有点儿自然

不难发现，“有点儿”修饰含主观色彩的形容词时有选择性——“有点儿”可以修饰消极意义的形容词或者说贬义形容词，不能修饰积极意义的形容词或者说褒义形容词。

含主观色彩的形容词前面加否定副词“不”，情况就倒过来了——“有点儿”只能修饰“不+褒义形容词”，不能修饰“不+贬义形容词”。请看：

（3）有点儿不聪明　　＊有点儿不笨
有点儿不干净　　＊有点儿不脏
有点儿不虚心　　＊有点儿不骄傲
有点儿不安全　　＊有点儿不危险
有点儿不文明　　＊有点儿不野蛮
有点儿不大方　　＊有点儿不小气
有点儿不诚恳　　＊有点儿不虚伪

有点儿不细心　　　　*有点儿不粗心

有点儿不舒服　　　　*有点儿不难受

有点儿不积极　　　　*有点儿不消极

有点儿不顾大局　　　*有点儿不本位

有点儿不自然　　　　*有点儿不做作

这是可以理解的，也并不违反上面说的使用规则，因为“不+褒义形容词”表示消极意义，而“不+贬义形容词”不表示消极意义了，而近乎积极意义了。换句话说，“有点儿”还是只修饰消极意义的形容词性成分。

现在来看“有点儿”修饰中性形容词的情况。中性形容词，无论往大里说的，还是往小里说的，都可以受“有点儿”修饰。例如：

（4）有点儿长/短　　　　有点儿大/小

有点儿硬/软　　　　有点儿厚/薄

有点儿冷/热　　　　有点儿高/低

有点儿浓/淡　　　　有点儿多/少

有点儿咸/淡　　　　有点儿胖/瘦

既是中性形容词，那就是大家公认在意义的感情色彩上，既不表示消极意义，也不表示积极意义。那么为什么也能受程度副词“有点儿”的修饰呢？要知道，中性形容词就它本身而言，的确既不带褒义，也不带贬义，但在实际言语交际中，由于说话人喜好的不同，中性形容词所表示的性状，有时喜欢、如意，这样也就可以视为褒义；有时不喜欢、不如意，这样也就可以视为贬义。试以肉的肥瘦为例：

（5）a. 这块肉比较肥，还是买那块瘦一点儿的吧。

［视“肥”为贬义］

b. 这只鸡还比较肥，我们就买这只鸡。［视“肥”为褒义］

显然，那中性形容词受“有点儿”修饰，只在“说话人视它为贬义”的情况下。而“‘有点儿’+中性形容词”这整个句法格式仍含有不合心意的意思，表示“与要求的比较，性质偏离了”，只是偏离的幅度不大罢了。例如：

（6）（这衣服）有点儿长。

这就是说跟要求的长度比，衣服稍微长了一点儿，轻度偏离了，不合说话人心意。

显然，格式“有点儿+形容词”有两个特点：

**第一，这格式里的形容词只能是贬义的或中性意义的形容词。**

**第二，进入格式的形容词，不管是表示贬义的还是表示中性意义的，整个格式都是表示不如意的意思。**

副词“有点儿”我们常用，上述研究成果对我们以汉语为母语的人来说似乎不是很需要；可是对外国人学汉语来说，用处可大了。常常会发现外国学生错用副词“有点儿”的情况，请看：

（7）a. * 这里有点儿干净，我们就在这里坐吧。

b.* 这里的风景有点儿好看。

c.* 金英姬有点儿虚心，我愿意跟她做朋友。

这些例子里的“有点儿”都宜换成对所修饰的形容词没有选择性的表示程度浅的程度副词“比较”，说成：

（7′）a. 这里比较干净，我们就在这里坐吧。

b. 这里的风景比较好看。

c. 金英姬比较虚心，我愿意跟她交朋友。

其实，对我们母语为汉语的中国人来说，也有用处。如果你跟外国朋友交往，遇上外国朋友说了类似上面例子那样的偏误句，你就不至于一头雾水，你就会帮助他纠正，而且能说出些道理来，不会只是告诉他们“这是我们汉语的习惯”。这也就是说，具备了这些知识，你对问题就不但能知其然，而且能知其所以然了。

## 二、"有点儿＋形容词"表示的语法意义

"有点儿"表示程度浅，它所表示的程度浅，事实上有两种含义，而这跟所修饰的形容词有关。请看：

（一）表示程度轻微。这时"有点儿"修饰贬义性形容词或"不＋褒义形容词"。例如：

（1）有点儿笨　　　　有点儿不聪明
有点儿脏　　　　有点儿不干净
有点儿骄傲　　　　有点儿不虚心
有点儿危险　　　　有点儿不安全
有点儿野蛮　　　　有点儿不文明
有点儿小气　　　　有点儿不大方
有点儿虚伪　　　　有点儿不诚恳
有点儿粗心　　　　有点儿不细心
有点儿难受　　　　有点儿不舒服
有点儿消极　　　　有点儿不积极
有点儿冷淡　　　　有点儿不热情
有点儿做作　　　　有点儿不自然

（2）有点儿不懂事
有点儿不合适
有点儿不可爱
有点儿不识相
有点儿不识时务

（二）表示某种性质轻度偏离。这时"有点儿"修饰中性形容词。例如：

（3）有点儿长 / 短　　　　有点儿大 / 小

有点儿硬 / 软　　　　有点儿厚 / 薄

有点儿浓 / 淡　　　　有点儿高 / 低

有点儿咸 / 淡　　　　有点儿胖 / 瘦

从上面的分析可以看出，不管是表示第一种意义，还是表示第二种意义，都含有不如意的意思。

这里有个问题需要思考：在言谈交际中，我们不说：

（4）* 有点儿不大　　* 有点儿不小　　* 有点儿不长

* 有点儿不短　　* 有点儿不咸　　* 有点儿不淡

这为什么？这个问题可以这样解释：我们知道，在日常言谈交际中，“不 + 中性形容词”都含有“合适”“满意”的意思。例如：

（5）——这鞋怎么样？大吗？

——不大，正合适。

（6）——你尝尝，淡 / 咸吗？

——挺好，不淡 / 咸。

显然，“不 + 中性形容词”含褒义，所以不能受“有点儿”修饰，不能说“* 有点儿不大”“* 有点儿不小”“* 有点儿不长”等。

## 三、怎么看待“有点儿‘聪明了’”的说法

上面我们指出，不能说“* 有点儿聪明”，可是在言谈交际中我们会听到、看到“有点儿聪明了”这样的说法。这又为什么？怎么看待和解释“有点儿聪明了”这样的说法？

必须注意，在“有点儿聪明了”这样的说法里，表面看“有点儿”处于形容词“聪明”之前，可是它并不属于“有点儿 + 形容词”这个格式；实际上“有点儿”所修饰的不是形容词本身，而是“形容

词 + 了”，即“有点儿”不是直接修饰“聪明”，而是修饰“聪明了”。“有点儿聪明了”的内部层次构造是：

有点儿　　聪明　　了

1　　　　2

　　　　3　　4

语言事实告诉我们，“形容词 + 了”可以表示两种语法意义：表示变化，如“（小宝）懂事了”；表示过分，如“（这个菜）咸了”。相应的，“有点儿 + 形容词 + 了”这个格式也表示下面两种语法意义：

（一）表示变化幅度小。当表示变化幅度小时，能进入这一格式的形容词可以是褒义的或积极意义的，也可以是贬义的或消极意义的，例如：

（1）有点儿干净了　　　　有点儿脏了

有点儿懂事了　　　　有点儿淘气了

有点儿聪明了　　　　有点儿傻了

有点儿明白了　　　　有点儿糊涂了

有点儿勤快了　　　　有点儿懒了

有点儿文明了　　　　有点儿野蛮了

（二）表示轻度过分。表示轻度过分时，能进入这个格式的形容词是中性形容词。例如：

（2）这个菜有点儿咸 / 淡了。

这件衣服有点儿长 / 短了，另选一件吧。

这坑儿挖得有点儿深 / 浅了。

这鞋有点儿大 / 小了，穿着不舒服。

“有点儿 + 形容词 + 了”这个格式，跟“有点儿 + 形容词”格式显然不同。

注意，“有点儿 + 形容词 + 了”这个格式有时会有歧义。例如：

（3）a. 枫叶有点儿红了，再过些天就全红了。［变化幅度小］

b. 这个颜色有点儿红了，稍微浅一点好。［轻度过分］

（4）a. 江米酒有点儿甜了，但还不是很甜。［变化幅度小］

b. 这菜有点儿甜了，稍稍少放点糖就好了。［轻度过分］

（5）a. 天气有点儿冷了，要加一点衣服。［变化幅度小］

b. 这盆水有点儿冷了，换一盆吧。［轻度过分］

（6）a. 以前的考试都不难，这次有点儿难了。［变化幅度小］

b. 这个题给一年级学生做，有点儿难了。［轻度过分］

注意，当表示变化幅度小时，全句重音在副词“有点儿”上；当表示程度过分时，全句重音在形容词上。

## 四、对比“有点儿”和“多少”“稍微”“比较”

在现代汉语里表示程度浅的副词，除了“有点儿”，常用的还有“多少”“稍微”“比较”。这四个表示程度浅的程度副词在用法上有些差异，这也需要研究，也需要向外国汉语学习者说清楚。不同在哪里呢？

（一）对所修饰的形容词的选择性不同。前面我们已经指出，“有点儿”对所修饰的形容词有选择，只修饰贬义形容词或中性形容词。“多少”对所修饰的形容词也有选择性，但倾向于修饰褒义形容词或中性形容词。而“稍微”“比较”对所修饰的形容词则无选择性，不论褒义的、贬义的、中性的形容词，都能修饰。请比较：

（1）

| 形容词 | 有点儿 | 多少 | 稍微 | 比较 |
|---|---|---|---|---|
| 脏 | 有点儿～ | — | 稍微～点儿 | 比较～ |
| 干净 | — | 多少～点儿 | 稍微～点儿 | 比较～ |
| 大／小 | 有点儿～ | 多少～点儿 | 稍微～点儿 | 比较～ |

（二）对句式的选择不同。“有点儿”属于王力先生所说的绝对程度副词，只表示程度浅，不含比较意味，所以它既不能用于“比”字句，也不能用于表示比较的句子；而“多少”“稍微”“比较”则都属于王力先生所说的相对程度副词，可以用于比较的句子，“多少”“稍微”还可以用于“比”字句。下面用“有点儿”的句子都站不住：

（2）*他比你有点儿矮。

（3）*今天的米饭比昨天的米饭有点儿软。

（4）*相比之下，那孩子有点儿迂。

（5）*比较起来，这个房间有点儿大。

例（2）、例（3）是“比”字句，例（4）、例（5）是表示比较的句子。它们得分别改为：

（2′）他比你（稍微）矮点儿。

（3′）今天的米饭比昨天的米饭（稍微／多少）软点儿。

（4′）相比之下，那孩子（稍微／比较）迂点儿。

（5′）比较起来，这个房间（多少／稍微／比较）大点儿。①

它们在具体用法上也有些区别，主要是：“稍微”和“多少”修饰形容词时，形容词后面得带上“（一）点儿／（一）些”；“有点儿”修饰形容词时，形容词后面不能带上“（一）点儿／（一）些”；“比较”修饰形容词时可以带上“（一）点儿／（一）些”，也可以不带“（一）点儿／（一）些”。例如：

① 例（5′）程度副词如果选用“比较”，说成：“比较起来，这个房间比较大点儿。”听着似乎有点儿别扭，那是因为前后有个同形词语“比较”的缘故，而不是“比较”在意义上有什么特别之处，不能用在这个格式中；改用与“比较”同义的“较为”，就一点儿也不会给人别扭的感觉，如：“比较起来，这个房间较为大点儿。”

（6）a. 这个菜稍微 / 比较甜点儿。

*这个菜稍微甜。

b. 这个菜有点儿 / 比较甜。

*这个菜有点儿甜点儿。

（7）a. 这个房间多少 / 比较大一点儿 / 一些。

*这个房间多少大。

b. 这个房间有点儿 / 比较大。

*这个房间有点儿大点儿。

（三）修饰形容词后形成的格式所表示的语法意义有差异。这四个程度副词虽然都表示程度浅，但它们修饰形容词后形成的格式所表示的语法意义有差异：“有点儿＋形容词”和“多少＋形容词＋（一）点儿”都含有说话人的感情倾向性——前者含有“不如意”的感情色彩，后者含有“更接近说话人意向”的感情色彩，强调某事物肯定具有某方面性质，尽管程度不高、数量不大。而“稍微＋形容词＋（一）点儿”和“比较＋形容词＋（一点儿）”则不含有感情倾向性。试比较：

（8）这个房间有点儿大。［含“不如意”口气］

（9）这个房间多少大点儿 / 大些。

［含更接近说话人意向的口气］

（10）这个房间稍微大一点儿 / 大些。［不含有感情倾向性］

（11）a. 这个房间比较大一点儿 / 大些。［不含有感情倾向性］

b. 这个房间比较大。［不含有感情倾向性］

如果所修饰的形容词有褒贬色彩，“稍微”和“多少”的差异就更明显了——其一，正如上面已指出的，“稍微”可以修饰褒义形容词，也可以修饰贬义形容词，而“多少”只能修饰褒义形容词，不能修饰贬义形容词；其二，它们虽然都能修饰褒义形容词，表示程度浅，但所强调的方面不同。请看：

（12）a. 他比你稍微弱一些。

b.* 他比你多少弱一些。

（13）a. 他比你稍微强一些。［意在强得不多］

b. 他比你多少强一些。［意在比你强］

# 第五讲
# 表示程度深的副词“还”和“更”

这一讲专门跟大家讲讲表示程度深的“还”和“更”。

在第二讲里，我们已经说到，“还”作为程度副词，既可以表示程度浅，也可以表示程度深。表示程度浅的“还”将在后面专门讲。表示程度深的“还”，大致相当于程度副词“更”。既然二者只是“大致相当”，说明它们并不完全相同。那么表示程度深的“还”（以下径直称为“还”）和“更”到底同在哪里，不同在哪里呢？这正是这一讲所要辨析清楚的。这一讲在内容上我们参考、引用了陆俭明（1980）的《“还”和“更”》。①

作为表示程度深的“还”和“更”，无论是意义还是用法，都既有相同的一面，也有不同的一面。

## 一、“还”和“更”相同的方面

就相同方面来说，它们在意义上都表示程度深，都含有比较的意味；从用法上来看，它们都能用于以下甲、乙两种“比”字句。

① 参看陆俭明《“还”和“更”》，见《语言学论丛》第六辑，商务印书馆，1980年。又见马真、陆俭明《现代汉语虚词散论》（第三版），北京大学出版社，2017年。

（一）甲种“比”字句。其格式或表示为：

**甲 + 比 + 乙 + 还 / 更 + 表示性状的词语**。

或表示为：

**X + 比 +Y + 还 / 更 + 怎么样**。

“甲 /X”和“乙 /Y”表示两个比较的项，那比较项常见的是人或事物，所以常见的是由名词性词语充任，例如：

（1）张三比李四还 / 更高。

（2）他们的小荣比我们的小明还 / 更用功。

（3）长江比黄河还 / 更长。

（4）智慧比勇气还 / 更重要。

那比较项也可以是两个事件或现象，这时可以由动词性词语来充任，例如：

（5）骑马比开车还 / 更有意思。

（6）建高铁比建高速公路还 / 更不容易。

那比较项也可以是某两种性状，这时就由形容词充任，例如：

（7）虚伪比无知还 / 更可怕。

（8）对一个人成长来说，勤奋比聪明还 / 更重要。

“表示性状的词语”即“怎么样”部分，通常就是一个形容词或“不 + 形容词”；也可以是少数能受“很”修饰的动词性词语，如“喜欢”“需要”和“有能耐”“有才华”等。例如：

（9）a. 她比你还 / 更勤快。

b. 她比你还 / 更不勤快。

（10）a. 她的房间比你们的房间还 / 更干净。

b. 这儿比那边还 / 更不干净。

（11）这种水果，她比我还 / 更喜欢。

（12）钱，你拿着，你比我还 / 更需要。

（13）你爸爸比你爷爷还/更有能耐。

（14）华子比有才还/更有办法。

例（9）、例（10）的“勤快”“干净”是形容词，例（11）、例（12）的“喜欢”“需要”是动词，例（13）、例（14）的“有能耐”“有办法”是动宾结构。

“表示性状的词语”即“怎么样”部分，也可以是由形容词做补语的带“得”的动补结构。[①]例如：

（15）他比我跑得还/更快。

也可以是由形容词做谓语的主谓结构，这时“还/更”在句中居主谓结构中形容词之前，例如：

（16）a. 他比我能力还/更强。

b. 他比我效力还/更高。

c. 他比我发音还/更准确。

甲种“比”字句的自然重音都在“还/更”或“还/更”之后的某个音节上。拿例（16）a句来说，可以有两种重音位置，意思基本一样。请看（句中字左上角的“'”，代表重音符号）：

（17）a. 他比我能力'还/'更强。［重音在“还/更”上］

b. 他比我能力还/更'强。［重音在“强”上］

要注意的是：甲种“比”字句跟句中不用程度副词“更/还”的“比”字句，它们所表示的意思不一样。拿例（1）“张三比李四还/更高”来说，句子意思是，“张三”和“李四”个子都高，但相比之下“张三”的高度超过“李四”。如果不用“还/更”，说成“张三比李四高”，那就只表示“张三”的高度超过“李四”，

① 这时“还/更”在句中可以出现在不同的位置：a. 他比我跑得还/更快。b. 他比我还/更跑得快。c. 他还/更比我跑得快。a句的使用频率最高，c句的使用频率很低。

至于“李四”是高是矮，不做肯定。

（二）乙种“比”字句。其格式或表示为：

**甲 + 时间词 $_1$+ 比 + 时间词 $_0$+ 还 / 更 + 表示性状的词语 + 了。**

或表示为：

**X+ 时间词 $_1$+ 比 + 时间词 $_0$+ 还 / 更 + 怎么样 + 了。**

在乙种“比”字句格式里，“甲 /X”只是句子的陈述对象，并不是比较项；表面看，句子的比较项好像是“时间词 $_1$”和“时间词 $_0$”，其实它们也不是比较项。真正的比较项是“甲 /X”的某方面性质在“时间词 $_1$”所达到的程度和在“时间词 $_0$”所达到的程度，即“甲 /X”某方面的性状在不同时间里所达到程度的比较。整个句子表示某人 / 某事物 / 某情况的某方面性状在“时间词 $_1$”时的程度超过了“时间词 $_0$”时的程度（时间词在句中呈现的位置也可以多种多样）。例如：

（18）a. 萌萌现在比过去还 / 更懂事了。

b. 现在萌萌比过去还 / 更懂事了。

c. 现在的萌萌比过去还 / 更懂事了。

（19）a. 今年碧螺春茶叶的产量比去年还 / 更高了。

b. 碧螺春茶叶的产量今年比去年还 / 更高了。

c. 今年的碧螺春茶叶产量比去年还 / 更高了。

d. 碧螺春茶叶今年的产量比去年还 / 更高了。

在实际话语中，那“时间词 $_1$”和“了”可以全在句子中出现，如例（18）、例（19）；而在一定的上下文中也可以只出现“时间词 $_1$”或者只出现“了”。所以例（18）也可以说成例（18′）、例（18″），例（19）也可以说成例（19′）、例（19″），意思基本一样。请看：

（18′）a. 萌萌现在比过去还 / 更懂事。

b. 现在萌萌比过去还 / 更懂事。

c. 现在的萌萌比过去还 / 更懂事。

（19′）a. 今年碧螺春茶叶的产量比去年还 / 更高。

b. 碧螺春茶叶的产量今年比去年还 / 更高。

c. 今年的碧螺春茶叶产量比去年还 / 更高。

d. 碧螺春茶叶今年的产量比去年还 / 更高。

（18″）萌萌比过去还 / 更懂事了。

（19″）碧螺春茶叶的产量比去年还 / 更高了。

例（18′）、例（19′）只出现“时间词 $_1$”，“了”没有出现；例（18″）、例（19″）则只出现“了”，“时间词 $_1$”没有出现。这样看来，乙种“比”字句格式可以修改为：

**甲 +（时间词 $_1$）$_a$+ 比 + 时间词 $_0$+ 还 / 更 + 表示性状的词语 +（了）$_b$。**

或修改为：

**X+（时间词 $_1$）$_a$+ 比 + 时间词 $_0$+ 还 / 更 + 怎么样 +（了）$_b$。**

在上面的格式里，“（时间词 $_1$）$_a$”和“（了）$_b$”表示二者可以都出现，也可以只出现其中一个，但不能全部不出现。例（18）和例（19），“时间词 $_1$”和“了”都在句中出现了；例（18′）和例（19′），“时间词 $_1$”出现了，句末“了”没出现；而例（18″）和例（19″），则“时间词 $_1$”在句中没出现，句末的“了”出现了。

乙种“比”字句，不管是属于例（18）和例（19）情况，还是属于例（18′）和例（19′）情况，还是属于例（18″）和例（19″）情况，其自然重音跟甲种“比”字句一样，也都在“还 / 更”或“还 / 更”之后的某个音节上。

## 二、“还”和“更”不同的方面

上面说的是“还”和“更”的相同点。但是“还”和“更”在意义和具体用法上，有许多不同之处。

（一）从意义上来说，有两点不同。

1.“更”只能用于比较，“还”除了用于比较，还能用于比拟。例如：

（1）那条蛇比碗口还粗。

例（1）是“比”字句，但说话者的用意不是要拿那条蛇跟碗口比粗细，而是把碗口作为临时的衡量标准来形象说明那条蛇的粗细。下面是同类的例子：

（2）我们山区的蚊子比苍蝇还大。

（3）他呀，比狐狸还狡猾。

（4）他爬树比猴子还灵巧。

（5）她那脸顿时涨得比红灯笼还红。

例（2）—例（5）都是“比”字句，但都不表示比较，都表示比拟，即把“乙/Y”作为一种衡量的标准来比拟、衬托“甲/X”的性状。因此，例（1）—例（5）里的“还”都不能替换为“更”，我们不说：

（1′）* 那条蛇比碗口更粗。

（2′）* 我们山区的蚊子比苍蝇更大。

（3′）* 他呀，比狐狸更狡猾。

（4′）* 他爬树比猴子更灵巧。

（5′）* 她那脸顿时涨得比红灯笼更红。

原因就在于“更”不能用于比拟。

“还”用于比拟的“比”字句，都带有描写性，所以常常用来表示比喻性夸张，例如：

（6）我吃的盐比你吃的ˈ米还多。

（7）我过的桥比你走的ˈ路还多。

（8）场上堆的小麦比ˈ小山还高。

（9）他的胳膊比火柴ˈ棍儿还细。

（10）办那事真是比'登天还难。

上面我们说过，用于比较的“比”字句，不管是甲种“比”字句还是乙种“比”字句，句子自然重音都在“还”或在“还”后面的某个音节上。用于比拟的“比”字句，语句重音则在比拟的对象上，即在介词“比”的宾语“乙/Y”上。在书面上有的用“还”的“比”字句可能会有歧义，例如：

（11）小红比他还高。

例（11）可以表示两种意思：（a）说话人把小红和“他”进行比较，表示小红和“他”虽然都高，但相比之下小红的高度要超过“他”。（b）说话人把“他”作为衡量的标准来比拟“小红”的高度，以便让听话人大致知道小红有多高。

在口语里由于二者重音位置不同，一听就知道表示哪种意思，因此例（11）在口语里就明显地分化为例（11′）和例（11″）。请看：

（11′）a. 小红比他'还高。［重音在“还”上，句子表示比较］

b. 小红比他还'高。［重音在“高”上，句子表示比较］

（11″）a. 小红比'他还高。［句子表示比拟］

例（11′）重音在“还”（如a句）或“高”（如b句）上，句子表示比较；例（11″），重音在“他”上，表示比拟。

上面这种表示比拟的“比”字句大多用在下面那样的对话：

（12）甲：现在小红有多高啦？

乙：a. 小红呀，（用手一指李萍）小红比'她还高。

b. 小红呀，（用手一指旁边的桌子）小红比'桌子还高。

表示比拟的“比”字句实际有两种情况，一种是句子末尾不带“了”，如例（13）、例（14）；另一种是句子末尾带“了”，如例（15）、例（16）、例（17）：

（13）场上的小麦堆得比'小山还高。

（14）办那事真是比'登天还难。

（15）a. 小红比'她还高了。

b. 小红比'桌子还高了。

（16）场上的小麦堆得比'小山还高了。

（17）办那事真是比'登天还难了。

句末加上“了”只是增加了一种肯定语气。试比较：

（18）a. 小三儿比书架还高。

小三儿比书架还高了。

b. 他的胳臂肿得比大腿还粗。

他的胳臂肿得比大腿还粗了。

c. 场上的小麦堆得比小山还高。

场上的小麦堆得比小山还高了。

d. 你看他瘦得，胳臂比火柴棍儿还细。

你看他瘦得，胳臂比火柴棍儿还细了。

e. 今年气候反常，上海比北京还冷。

今年气候反常，上海比北京还冷了。

2. 即使都用于比较，在句末带“了”的“比”字句句式中，句子所表示的具体意思彼此还会有所不同。例如：

（19）张三比李四更'高了。

（20）张三比李四还'高了。

例（19）用“更”，句子意思是：先前张三在高度上超过李四，现在这种“超距”更大了。例（20）用“还”，句子意思则是：张三原先不如李四高，现在张三的高度不仅赶上了李四，而且超过了李四。显然，例（19）用“更”的“比”字句，包含着递进发展的意思；而例（20）用“还”的“比”字句，包含一种转折变化的意思。二者意思不同。

（二）“还”和“更”具体用法上的不同。

1.“还”只能用于“比”字句，不用于非“比”字句；“更”不仅能用于“比”字句，还能用于非“比”字句。请看：

（21）a. 张三比李四 ' 更高。

b. 张三比李四 ' 还高。

（22）a. 张三 ' 更高。

b.* 张三 ' 还高。

（23）a. 张三现在 ' 更高了。

b.* 张三现在 ' 还高了。

（24）a. 相比之下，张三 ' 更高。

b.* 相比之下，张三 ' 还高。

（25）a. 比较起来，张三 ' 更高。

b.* 比较起来，张三 ' 还高。

2.“更”能用于三项比较，“还”不用于三项比较。请看：

（26）a. 长江比黄河长，（长江）比淮河就更长了。

b. 黄河比淮河长，长江比淮河就更长了。

（27）a. 我比小林要高出半个头，（我）比小矮胖就更高了。

b. 小林都比小矮胖高，我比小矮胖就更高了。

（28）a. 黄河没有长江长，淮河就更不如长江长了。

b. 淮河都不如黄河长，（淮河）就更不如长江长了。

（29）a. 小林不如我高，小矮胖更不如我高了。

b. 小矮胖都不如小林高，（小矮胖）就更不如我高了。

例（26）、例（27），例（28）、例（29）代表了不同的三项比较的句式，在这些句子里只能用“更”，不能用“还”。上面的句子里的“更”都不能换用“还”，都不能说成：

（26′）a.* 长江比黄河长，（长江）比淮河就还长了。

b.* 黄河比淮河长，长江比淮河就还长了。

（27′）a.* 我比小林要高出半个头，（我）比小矮胖就还高了。

b.* 小林都比小矮胖高，我比小矮胖就还高了。

（28′）a.* 黄河没有长江长，淮河就还不如长江长了。

b.* 淮河都不如黄河长，（淮河）就还不如长江长了。

（29′）a.* 小林不如我高，小矮胖还不如我高了。

b.* 小矮胖都不如小林高，（小矮胖）就还不如我高了。

3. 除了上面所说的两点以外，在用法上还有其他一些小的差别。一是用“还”的句式，句末可带语气词“呢”。例如：

（30）小王比他还高呢。

（31）那条蛇比碗口还粗呢。

（32）他今天比昨天起得还早呢。

（33）现在进城比过去还方便了呢。

用“更”的句式，句末不能带语气词“呢”（疑问句除外）。二是用“还”的句式中，形容词后边可以带各种数量结构。例如：

（34）小王比他还高些。

（35）他英语说得比我还流利点儿。

（36）小张的胸围比小李还大三厘米。

（37）我领你们走的这条路比那条小路还近四公里。

（38）他比我还大两岁。

用“更”的句式中，形容词后面只能带“（一）些”“（一）点儿”，不能带其他数量结构。我们能说：

（39）a. 小王比他更高些。

b. 这个西瓜比那个更重一点儿。

但不说：

（39′）a.* 小王比他更高三厘米。

b.* 这个西瓜比那个更重四两。

三是“还”可以说成“还要”，多见于书面。例如：

（40）张思德同志是为人民利益而死的，他的死是比泰山还要重的。

（41）好得很，成绩比我们预想的还要好。

（42）庄政委给你的帮助，比我一生给你的还要多。

上面句子里的“还要”如果换说成“更要”，一般不太能接受。请看：

（40′）？张思德同志是为人民利益而死的，他的死是比泰山更要重的。

（41′）？好得很，成绩比我们预想的更要好。

（42′）？庄政委给你的帮助，比我一生给你的更要多。

# 第六讲
# 表示程度浅的副词“还”

这一讲想专门跟大家说说表示程度浅的“还”，因为这个“还”在用法上很有些特点。

## 一、对表示程度浅的“还”的总体认识

对于表示程度浅的“还”，最好先有下面这些认识：

（一）这个“还”所表示的程度浅，含有“勉强过得去”的意思，“还”所在的句子，总表示这样的意义：虽不是太满意，但基本上合意。例如：

（1）小王学习还踏实。

（2）这根绳子还结实。

（3）他现在还老实，谁知道是真是假呢？

（4）燕燕说王助理员的脑筋还不错。

拿例（1）来说，我们将“小王学习还踏实”跟“小王学习很/挺踏实”“小王学习踏实”比较一下，就明显地会体会到“小王学习还踏实”所含有的“勉强过得去”和“虽不是太满意，但基本上合意”的意思。其余各例都可以这样去理解。

（二）表示程度浅的“还”，在句子中都轻读，绝对不重读，即绝对不会是句子的重音所在。

（三）由于“还”所表示的程度浅含有“勉强过得去”的意思，整个句子表示“虽不是太满意，但基本上合意”这样的意义，所以“还”所修饰的词语常见的是含褒义的词语（大多是形容词），或者是“不＋贬义性词语”这样的否定形式。请看：

（5）这件衣服还好看。　　　　*这件衣服还难看。

这件衣服还不难看。

（6）他倒还虚心。　　　　*他倒还骄傲。

他倒还不骄傲。

（7）这个孩子还聪明。　　　　*这个孩子还笨。

这个孩子还不笨。

（8）这个孩子还讨人喜欢。　　　　*这个孩子还讨人讨厌。

这个孩子还令人不讨厌。

中性形容词也可以受表示程度浅的“还”修饰。例如：

（9）这块肉还瘦，就买这块吧。

（10）这只鸡还肥，就买这只吧。

“肥”和“瘦”都是中性形容词，但是进入上述格式之后所形成的格式含有“虽不是太满意，但基本上合意”的意思。例（9）说话人喜欢买瘦肉，例（10）说话人喜欢买肥鸡。

程度浅的“还”所表示的上述语法意义决定了它后面常常可以跟一个表示尚能认可的“算”。请看：

（11）他虽然已年过八十，身体还算硬朗。

（12）这个房间还算干净些，那个房间脏死了。

（四）由表示程度浅的“还”做状语的“状－中”偏正结构通常处于谓语位置，形成下列句法格式：

主语 + 还 + 形容词性词语①

1　　　2　　　1–2 主谓关系

　　3　　4　　　3–4“状–中”修饰关系

其主语成分常见的是名词性词语，如上面所举的例（1）—例（10）各例中的主语成分都是由名词性词语充任的。也可以见到由动词性词语做主语的情况，例如：

（13）如今呀，养殖蘑菇还划算。

（14）看来出这张黑桃十还合适。

下面主要谈谈表示程度浅的“还”所形成的“还”字句里的种种情况。

## 二、没有明确比较对象的“还”字句

凡包含表示程度浅的“还”的句子，总伴有比较的意思。这有两种情况：一种情况是没有明确比较对象的比较。例如：

（1）这根绳子还结实。

这句话并不是明确地就这根绳子的结实程度来跟其他绳子比较而言的，只是就这根绳子本身的结实程度来说的。下面的例子将更清楚地表明这一点：

（2）——妈妈身体怎么样？

——妈妈身体还好。

（3）孩子们还乖吧？

另一种情况是有明确比较对象的比较。例如：

---

① 表示程度浅的“还”有时也可以修饰动词性词语，例如“这孩子还讨人喜欢”，其中的“讨人喜欢”就是动词性词语，但由于常见的是修饰形容词性词语，所以我们以“形容词性词语”做代表。

（4）这个房间还干净些，那个房间脏死了。

（5）那几篇文章不怎么样，这篇文章还可以。

（6）这个房间还大一点儿呢，那几个房间更小了。

没有明确比较对象的“还”字句，情况比较简单，不过也还需要注意以下两点：

第一，受“还”修饰的形容词后面不能带“（一）些”“（一）点儿”这样的表示程度量的成分，因为形容词后面一带上这些表示程度量的成分，就表示有明确的比较对象了。下面的说法，表面看像是没有比较对象，其实是有的，只是不在本句内出现，而在上文或下文出现而已。例如：

（7）这根绳子还结实一点儿。

（8）这个地方还凉快一些。

第二，“还”所修饰的形容词前面可以加上另一个表示程度浅的副词“比较”，但是不能加上也是表示程度浅的副词“稍微（稍稍）”。试比较：

（9）——妈妈身体怎么样？

——a. 妈妈身体还比较好。

b.* 妈妈身体还稍微好。

（10）——老王，小刘的文章看了吗？怎么样？

——a. 内容还比较充实，修改一下可以发表。

b.* 内容还稍稍充实，修改一下可以发表。

原因在于，“稍微（稍稍）”一定得用于有明确比较对象的比较，而“比较”既可以用于有明确比较对象的比较（如“在我们小组中，还是小赵比较高一些”），也可以用于没有明确比较对象的比较。所以没有明确比较对象的“还”字句，在“还”后面可以加也表示程度浅的程度副词“比较”，但不能加“稍微（稍稍）”。

## 三、有明确比较对象的“还”字句

有明确比较对象的“还”字句，情况比较复杂。常见的有以下句法格式：

句式 I：X + **还** + **形容词性词语**$_1$，Y + **形容词性词语**$_2$。例如：

（1）这个房间还干净些，那个房间脏死了。

句式Ⅱ：Y + **形容词性词语**$_2$，X + **还** + **形容词性词语**$_1$。例如：

（2）那几篇文章不怎么好，这篇文章还可以。

句式Ⅲ：X + **还** + **形容词性词语**$_1$+ **呢**，Y + **更** + **形容词性词语**$_2$+ **了**。例如：

（3）这个瓜还大点儿呢，那几个瓜更小了。

句式Ⅳ：X + **还** + **形容词性词** + **些** / **点儿**。例如：

（4）这个房间还干净些。

句式里的 X 代表“还 + 形容词性词语”所陈述的对象，是一个话题；Y 代表明确用来跟 X 相对比的对象。

下面分别说说上述句式。

## 四、关于句式 I

先说句式 I：X+ 还 + 形容词性词语$_1$，Y+ 形容词性词语$_2$。

这是一个复句格式，明显表示对比。前一分句总是一个肯定形式，后一分句可以是个肯定形式，也可以是个否定形式。例如：

（1）302 房间还干净，303 房间脏死了。

（2）这本书还浅一点儿，那本书可深了。

（3）老张身体还好，老李身体不好。

（4）102 教室还大一些，103 教室不够大。

句式 I 里的“还”也含有“勉强过得去”的意思，包含“还”的分句也总是往褒义方面说的，因此“形容词性词语$_1$”里的形容词也只能是褒义的或中性的。与之相对的后一分句则总是往贬义方面说的，所以，句式 I 里的“形容词性词语$_1$”与“形容词性词语$_2$”在词义上总是相对立的。通常当“形容词性词语$_1$”里的形容词为褒义形容词时，则：“形容词性词语$_2$”如果是个肯定形式，其中的形容词往往是与“形容词性词语$_1$”里的形容词相对立的贬义形容词，如例（1）里的“脏”与“干净”相对；“形容词性词语$_2$”如果是个否定形式，其中的形容词往往是与“形容词性词语$_1$”里的形容词相同的褒义形容词，如例（3）里前后形容词都是“好”。当“形容词性词语$_1$”里的形容词为中性形容词时，则：“形容词性词语$_2$”如果是个肯定形式，其中的形容词往往是个与“形容词性词语$_1$”里的形容词构成反义的中性形容词，如例（2）里的“深”与“浅”构成反义；“形容词性词语$_2$”如果是个否定形式，其中的形容词与“形容词性词语$_1$”里的形容词也往往是同一个中性形容词，如例（4）里前后都是“大”。

上面我们说到，句式 I 是适用于有明确比较对象的一种比较句式，因此，句式里的“形容词性词语$_1$”里的形容词后面常常带上“（一）些”或“（一）点儿”这样的数量成分，以增强明确比较的意味，如例（2）、例（4）；当然，形容词后也可以不带这种数量成分，如例（1）、例（3）。值得注意的是，带不带这种数量成分，在具体运用上略有不同：当形容词后面不带这种数量成分时，形容词前就只能加“比较”，不能加“稍微（稍稍）”；当形容词后面带有“（一）些”或“（一）点儿”这样的数量成分时，形容词前就既可以加“比较”，也可以加“稍微（稍稍）”。例如上面所举的例（2）、例（4）里的形容词“浅”“大”之前既能加“比较”，也能加“稍微”，而例（1）、例（3）里的形容词“干净”“好”之前只能加“比较”，不能加“稍微”，请看：

（2′）这本书还浅一点儿，那本书可深了。

这本书还比较浅一点儿，那本书可深了。

这本书还稍微浅一点儿，那本书可深了。

（4′）102 教室还大一些，103 教室不够大。

102 教室还比较大一些，103 教室不大。

102 教室还稍微大一些，103 教室不大。

（1′）302 房间还干净，303 房间脏死了。

302 房间还比较干净，303 房间脏死了。

*302 房间还稍微干净，303 房间脏死了。

（3′）老张身体还好，老李身体不好。

老张身体还比较好，老李身体不好。

* 老张身体还稍微好，老李身体不好。

其所以会造成这种运用上的不同，原因在于，副词“稍微”（类似的如“稍稍”“略微”）在用法上有一个特点，那就是后边不能是一个简简单单的形容词，得是一个形容词后头带上“（一）些”或者“（一）点儿”的词组；而副词“比较”修饰形容词，没有这个限制。

句式 I 中可以插入“比较起来”“相比之下”一类表明比较的短语，但这种短语似只能放在整个句子的头上，不能插在两个分句的中间。例如：

（5）比较起来，302 房间还干净，303 房间比较脏。

？302 房间还干净，比较起来，303 房间比较脏。

（6）相比之下，大的还用功点儿，小的可不用功了。

？大的还用功点儿，相比之下，小的可不用功了。

## 五、关于句式Ⅱ

现在说句式Ⅱ：Y+ 形容词性词语 $_2$，X+ 还 + 形容词性词语 $_1$。句式Ⅱ显然与句式Ⅰ有密切关系，句式Ⅰ前后分句换位就成为句式Ⅱ。请看：

（1）句式Ⅰ：302 房间还干净，303 房间脏死了。

句式Ⅱ：303 房间脏死了，302 房间还干净。

（2）句式Ⅰ：这本书还浅一点儿，那本书可深了。

句式Ⅱ：那本书可深了，这本书还浅一点儿。

（3）句式Ⅰ：老张身体还好，老李身体不好。

句式Ⅱ：老李身体不好，老张身体还好。

（4）句式Ⅰ：102 教室还大一些，103 教室不大。

句式Ⅱ：103 教室不大，102 教室还大一些。

因此，上述句式Ⅰ所具有的一些特点，基本都适用于句式Ⅱ。但是，既然句式Ⅱ已作为一种独立的句式出现，它便会具有与句式Ⅰ所不同的特点。

（一）句式Ⅱ在一定的对话里，那“Y+ 形容词性词语 $_2$”（即不含表示程度浅的“还”的那个分句），可以省去不说。例如：

（5）——小李、小林都考得不好！那么小王呢？小王是不是也考得不好？

——a. 小李、小林都考得不好，小王还好一点儿。

b. 小王还好一点儿。

（6）——我们这儿很冷，你们那儿呢？

——a. 你们这儿冷，我们那儿还暖和。

b. 我们那儿还暖和。

句式Ⅰ不能有这样的省略。

（二）句式Ⅱ中也可以插入“比较起来”“相比之下”这类短语，但与句式Ⅰ不同：上面我们曾指出，在句式Ⅰ中这种短语不能插入两个分句中间，得放在整个句子头上，例见前；而在句式Ⅱ中这种短语不仅能加在整个句子头上，也可以插入两个分句中间。例如：

（7）a. 比较起来，303 房间较脏，302 房间还干净。

b. 303 房间较脏，比较起来，302 房间还干净。

（8）a. 相比之下，那小的可不用功了，那大的还用功点儿。

b. 那小的可不用功了，相比之下，那大的还用功点儿。

（三）句式Ⅱ还可以有以下的变式：

句式Ⅱ：Y+ 形容词性词语$_2$，X+ 还 + 形容词性词语$_1$。

⇩

**句式Ⅱ变式：Y（和）X+ 都 + 形容词性词语$_2$，X+ 还 + 形容词性词语$_1$。**

例如：

（9）句式Ⅱ：那本书可深了，这本书还浅一点儿。

句式Ⅱ变式：那本书和这本书都比较深，这本书还浅一点儿。

（10）句式Ⅱ：103 教室比较小，102 教室还大一些。

句式Ⅱ变式：103、102 教室都比较小，102 教室还大一些。

（11）句式Ⅱ：303 房间可真脏，302 房间还干净。

句式Ⅱ变式：303 和 302 房间都比较脏，302 房间还干净点儿。

（12）句式Ⅱ：老李身体不好，老张身体还好。

句式Ⅱ变式：老李、老张身体都不怎么好，老张还好一点儿。

（13）句式Ⅱ：小王比较矮，小李还高点儿。

句式Ⅱ变式：小王、小李都比较矮，小李还高点儿。

而这是句式Ⅰ所不具有的。

关于上述变式，还需要说明以下几点：

1. 变式中"形容词性词语$_2$"前一定有范围副词"都"；"形容词性词语$_1$"都必须在形容词后面带"（一）点儿"或"（一）些"，因此上面举的例（9）—例（13）变式的后一分句里的"（一）点儿""（一）些"都不能去掉。

2. X、Y为"指示代词+（数量结构）+名词"时，不能有这样的变式。例如：

（14）那本书可深了，这本书还浅一点儿。

*那本书、这本书都深，这本书还浅一点儿。

3. 变式中也可以插入"比较起来"一类短语，但只能插在两个分句的中间，不能放在整个句子的头上。例如：

（15）a. 303、302这两个房间都较脏，比较起来，302还干净点儿。

b. *比较起来，303、302这两个房间都较脏，302还干净点儿。

（16）a. 老李和老张身体都不好，相比之下，老张还好一些。

b. *相比之下，老李、老张身体都不好，老张还好一些。

## 六、关于句式Ⅲ

现在说说句式Ⅲ：X+还+形容词性词语$_1$+呢，Y+更+形容词性词语$_2$+了。这也是一个表示对比的复句格式，而且也是适用于有明确比较对象的一种句式。例如：

（1）这个房间还干净点儿呢，那个房间更脏了。

（2）老张身体还好点儿呢，老李更差了。

（3）这个瓜还大点儿呢，那个瓜更加小了。

［说话人希望买大的瓜］

（4）这铺子的肉还瘦点儿呢，那铺子的肉更加肥了。

［说话人希望买瘦的肉］

句式Ⅲ的语法意义跟上面哪一个句式都不同。句式Ⅲ表示这样一种语法意义：提醒对方，别嫌弃（或别满足于）眼前所看到、听到或说到的某个事物或情况（X），其他的更不如。

句式Ⅲ里的“形容词性词语$_1$”与“形容词性词语$_2$”在词义上也总是相对立的。当“形容词性词语$_1$”里的形容词为褒义形容词时，“形容词性词语$_2$”里的形容词往往是与之相对的贬义形容词，如例（1）、例（2）里的“脏”“差”，除非使用否定形式，则前后形容词为同一个褒义形容词。例如：

（5）这个房间还干净点儿呢，那个房间更不干净了。

（6）老张身体还好点儿呢，老李身体更不好了。

而当“形容词性词语$_1$”里的形容词为中性形容词时，“形容词性词语$_2$”里的形容词往往是与之形成反义的另一中性形容词，如例（3）里的“小”、例（4）里的“肥”。

从形式上看，句式Ⅲ的前一分句末尾一定得用“呢”，例（1）—例（6）里的“呢”都不能删去；后一分句形容词前一定得用“更”一类的程度副词，例（1）—例（6）中的“更”“更加”都不能删去，也不能用“很”“极”“最”一类程度副词去替换。上面举的例（1）—例（4）都不能说成：

（1′）这个房间还干净点儿呢，那个房间更脏了。

* 这个房间还干净点儿呢，那个房间脏了。

* 这个房间还干净点儿呢，那个房间很 / 极 / 最脏了。

（2′）老张身体还好点儿呢，老李更差了。

* 老张身体还好点儿呢，老李差了。

* 老张身体还好点儿呢，老李很 / 极 / 最差了。

（3′）这个瓜还大点儿呢，那个瓜更加小了。

* 这个瓜还大点儿呢，那个瓜小了。

* 这个瓜还大点儿呢，那个瓜很 / 极 / 最小了。

（4′）这铺子的肉还瘦点儿呢，那铺子的肉更加肥了。

* 这铺子的肉还瘦点儿呢，那铺子的肉肥了。

* 这铺子的肉还瘦点儿呢，那铺子的肉很 / 极 / 最肥了。

句式Ⅲ里也能加进“比较起来”“相比之下”一类短语，但与句式Ⅰ一样，只能加在整个句子的头上，不能插在两个分句中间。例如：

（7）比较起来，这个房间还干净点儿呢，那个房间更不干净了。

*这个房间还干净点儿呢，比较起来，那个房间更不干净了。

（8）比较起来，老张身体还好点儿呢，老李身体更不好了。

* 老张身体还好点儿呢，比较起来，老李身体更不好了。

（9）比较起来，这件衣服还长点儿呢，那件衣服更短了。

* 这件衣服还长点儿呢，比较起来，那件衣服更短了。

（10）相比之下，你们这儿还凉快一点儿呢，我们那儿可热死了。

* 你们这儿还凉快一点儿呢，相比之下，我们那儿可热死了。

句式Ⅲ与其他句式相比较，还有一个很重要的区别，那就是“形容词性词语$_1$”一定要重读，因此，严格说句式Ⅲ得表示为：

**X＋还＋'形容词性词语$_1$＋呢，Y＋更＋形容词性词语$_2$＋了。**

最后需要附带说明的，下面的句子从表面看很像是句式Ⅲ，其实不是：

（11）你当干部的还不知道怎么做，大伙儿更不知道了。

（12）这道数学题号称小诸葛的王敏还解不出来，你更解不出来了。

（13）咱班上象棋冠军小刘还赢不了他呢，你更赢不了他了。

例（11）—例（13）里的“还”不表示程度。这里用“还”的分句起一个陪衬的作用，以突出说明后一分句的意思。因此例（11）—例（13）里的“还”可以用“尚且”“都”来替换，而句子意思基本不变。请看：

（11′）你当干部的尚且/都不知道怎么做，大伙儿更不知道了。

（12′）这道数学题号称小诸葛的王敏尚且/都解不出来，你更解不出来了。

（13′）咱班上小刘尚且/都赢不了他呢，你更赢不了他了。

例（11）—例（13）这类句子，其中的“还”“更”所修饰的通常是个否定形式的动词性成分，不能是形容词性成分，这一点也与句式Ⅲ不同。

## 七、关于句式Ⅳ

最后说说句式Ⅳ：X＋还＋形容词性词＋些/点儿。

在“关于句式Ⅰ”里我们说到，句式Ⅰ是适用于有明确比较对象的一种比较句式，因此，句式里的“形容词性词语$_1$”里的形容词后面常常带上“（一）些”或“（一）点儿”这样的数量成分，以增强明确比较的意味。那是因为形容词后面一带上这些表示程度量的成分，就表示有明确的比较对象了。句式Ⅳ实际可以看作句式Ⅰ里受“还”修饰的形容词后面带上“（一）些”或“（一）点儿”这样的句子的省略形式。句式Ⅰ里凡受“还”修饰的形容词后面带上“（一）些”或“（一）点儿”的句子，如果将后一个分句删去，就转化成句式Ⅳ的实例。请看：

（1）a. 这本书还浅一点儿。［句式Ⅳ］

⇧［删去后一个分句］

b. 这本书还浅一点儿，那本书可深了。［句式Ⅰ的例（2）］

（2）a.102 教室还大一些。［句式Ⅳ］

⇧［删去后一个分句］

b.102 教室还大一些，103 教室不够大。［句式Ⅰ的例（4）］

## 八、结束语

上面讨论四种句式时，为便于说明起见，所举例句中的“形容词性词语”部分都只限于形容词，或以形容词为中心语的形容词性成分。其实，无论是“形容词性词语$_1$”还是“形容词性词语$_2$”的位置上，都可以允许动词性词语进入。

（一）先说说“形容词性词语$_1$”位置上。进入这一位置上的动词性词语，一般有四种情况。

1. 能愿动词或能愿动词结构。例如：

（1）他呀，就是跟我过不去，给别人办事还可以。

（2）这个办法倒还可以试试。

（3）老人家虽然退休了，总是闲不住，今天帮这家干点活儿，明天帮那家干点活儿，倒还能挣点儿零用钱。

（4）艺术的熏陶使他在痛苦中还能够找出自我安慰的办法，所以他仍然成天活得快快活活的。

2. 某些带可能补语的述补结构。例如：

（5）我跟他还谈得来。

（6）我们俩还合得来。

（7）当时他倒还沉得住气。

3. 由动词“有”组成的某些带有褒义的述宾结构。例如：

（8）这个人还有点儿办法！

（9）我们相处了两年，还有点儿交情。

（10）小芳还有点儿心眼，小强一点儿心眼也不长。

4. 部分由形容词性成分充任状态补语的述补结构。例如：

（11）这张画还画得不错。

（12）相比之下，他还跑得稍微快点儿。

（13）家里的日子还过得好吧？

不过，更常见的还是“还”放在做补语的形容词之前。例如：

（14）这张画画得还不错。

（15）相比之下，他跑得还稍微快点儿。

（16）小两口儿的日子过得还好吧？

（二）现在说说“形容词性词语$_2$”位置上。下面各例处于“形容词性词语$_2$”位置上的都是动词性词语：

（17）那两室一厅的我还可以考虑买，那三室两厅两卫的房子我想都不敢想。

（18）白天还感到暖和一些，可是一到夜里就很冷。

（19）你那本书我可看不懂，这本书我还能翻翻。

（20）这件衣服我哪能穿出去呀，那件我还可以试试。

例（17）、例（18）属句式Ⅰ，例（19）、例（20）属句式Ⅱ。

从实际语料看，“形容词性词语$_{1/2}$”位置上为动词性词语的句子，其使用频率很低。

# 第七讲
# 副词“曾经”和“已经”

这一讲要跟大家辨析一下副词“曾经”和“已经”。这是现代汉语中两个常用的副词，一般将它们归入时间副词小类。

## 一、副词“曾经”和“已经”需要辨析

这两个副词在意义和用法上有相同的一面，因此在有些句子中，二者可以互换，句子的意义差别不大。例如：

（1）a. 上次会上大家不是已经提出过不少好办法吗？怎么那一路段的拆迁问题至今还没有解决呢？

b. 上次会上大家不是曾经提出过不少好办法吗？怎么那一路段的拆迁问题至今还没有解决呢？

（2）a. 我曾经在上次会议上就本地区的环保问题提出过三条建议，今天我再想提两条具体建议。

b. 我已经在上次会议上就本地区的环保问题提出过三条建议，今天我再想提两条具体建议。

但我们更需注意它们不同的一面，很多时候它们不能互换，或者互换后意义差别就很大。请看：

（3）我已经不是青年了，但我身上仍流动着热血，仍爱激动。

（4）只见元豹和赵航宇已经又说又笑的了。

（5）在做出这个决定之前，我曾经做噩梦、出冷汗、脸上无端发红、健忘、不能控制自己的脾气，但是决定了以后，一切就都好了。

例（3）、例（4）里的“已经”如果换成“曾经”，句子根本就站不住了。例（5）里的“曾经”如果换成“已经”说成例（6），句子意思显然就极不顺畅了：

（6）在做出这个决定之前，我已经做恶梦、出冷汗、脸上无端发红、健忘、不能控制自己的脾气，但是决定了以后，一切就都好了。

“曾经”和“已经”不能随便互换，这说明二者的意义和用法有差别。那么差别在哪儿呢？汉语教师就得给学生讲清楚，让学生明白。

## 二、“曾经”和“已经”是不同性质的时间副词

过去，有一些语法书上把“曾经”和“已经”都看作表“过去时”的时间副词。例如早期的黎锦熙《新著国语文法》（1924/1992）① 就把“已经”“曾经”都看作“表示过去时”的时间副词。吕冀平《汉语语法基础》（1983）② 也认为“曾经”“已经”都“表示动作发生的时间已经成为过去”。这种看法并不符合语言事实。

请看例（1）—例（3）：

（1）去年，我 ______ 看过这本书。 ［已经 / 曾经］

（2）现在他 ______ 看到 120 页了。 ［已经 /* 曾经］

（3）明天这个时候他大概 ______ 看完了。 ［已经 /* 曾经］

从例（1）—例（3）可以初步了解到，“曾经”确实只能用于

① 黎锦熙《新著国语文法》，商务印书馆，1924 年原版，1992 年汉语语法丛书版。

② 吕冀平《汉语语法基础》，黑龙江人民出版社，1983 年。

说过去的事，“已经”则既能用于说过去的事也能用于说现在或将来的事。它们之间的差异可列表比较如下：

| | 过去时 | 现在时 | 将来时 |
|---|---|---|---|
| 曾经 | + | – | – |
| 已经 | + | + | + |

汉语学界有“定时时间副词”和“不定时时间副词”的说法。①显然，“曾经”是只能用于过去时的“定时时间副词”；“已经”则是既能用于过去时，又能用于现在时，还能用于将来时的“不定时时间副词”。我们首先要让学生从时态上了解它们是属于不同性质的时间副词，并要让学生认识到它们在语法意义上有着本质的差异。

## 三、正确认识“曾经”和“已经”在意义上的差异

“曾经”和“已经”虽都能用于说过去的事，但意义和用法并不相同。《现代汉语八百词》②注意到了这一点。《现代汉语八百词》在比较了“曾经”和“已经”的语法意义后认为区别有二：

第一，“曾经”表示从前有过某种行为或情况，时间一般不是最近。“已经”表示事情完成，时间一般在不久以前。

第二，“曾经”所表示的动作或情况现在已结束；“已经”所表示的动作或情况可能还在继续。

---

① 所谓“定时时间副词”，是说这类时间副词只能用来说某一特定时间里完成或发生的事；所谓“不定时时间副词”，是说这类时间副词可以用来说不同时间里完成或发生的事情。具体参看陆俭明、马真《关于时间副词》，见1985年版陆俭明、马真《现代汉语虚词散论》（北京大学出版社）和2017年版马真、陆俭明《现代汉语虚词散论》（第三版）（北京大学出版社）。

② 吕叔湘主编《现代汉语八百词》，商务印书馆，1980年第1版，1990年增订版。

这个看法怎么样？是否将“曾经”和“已经”的异同说清楚了？我们觉得还值得斟酌和进一步探究。

《现代汉语八百词》所说的第一点看法，容易给人（特别是给外国学生）一个错觉，以为说从前的事得用“曾经”，说最近的事得用“已经”。其实，不管是说从前的事还是最近的事，“曾经”和“已经”都可以用。特别是当“曾经”或“已经”后的动词一带上助词“过”，更难分时间的先后了。例如：

（1）a. 二十年前他曾经学过法语。

b. 二十年前他已经学过法语。

（2）a. 上个月我曾经去过一趟。

b. 上个月我已经去过一趟。

（3）a. 这件事，刚才 / 昨天我曾经问过他，他说不知道。

b. 这件事，刚才 / 昨天我已经问过他，他说不知道。

例（1）说的是从前的事，例（2）说的是过去的事，例（3）说的是最近的事。显然，“曾经”和“已经”的区别不在一个是“时间一般不是最近”、一个是“时间一般在不久以前”。

就第二点来说，前半句所说的“‘曾经’所表示的动作或情况现在已结束”，这是符合实际的；后半句所说的“‘已经’所表示的动作或情况可能还在继续”，这说法就需要斟酌。请先看下面两个实例：

（4）我们已经走了两个小时了。

（5）我已经等了你三个小时了。

例（4）可以认为动作或情况“还在继续”；例（5）则不一定“还在继续”。请看：

（5′）我已经等你三个小时了，你怎么还不来！

［打电话时说的，等的动作还在继续］

（5″）我已经等你三个小时了，怎么现在才来！

［见面时说的，等的动作显然已经结束］

下面的例子进一步说明不能认为用“已经”就表示所说明的动作或情况可能还在继续：

（6）那本书，我上个月已经烧了。

（7）你要的计算机我已经给你买来了。

例（6）、例（7）就不能说动作或情况还在继续——既不好说“烧”或“买”这个动作还在继续，也不好说“烧书”或“买电脑”的情况还在继续。

总之，说“‘已经’所表示的动作或情况可能还在继续”，这不确切。但这个说法有启发，可以让我们思考怎么在这个基础上做更准确的概括。下面我们先对比一些实例：

（8）a. 我曾经在这里住过三年。　［现在不住这里了］

b. 我已经在这里住了三年。　［现在还住在这里］

（9）a. 她三年前曾经是个很红的演员。

［现在不再是很红的演员］

b. 她三年前已经是个很红的演员。［现在还是很红的演员］

（10）a. 我曾经戒过烟。　［现在又抽烟了］

b. 我已经戒烟了。　［现在不抽烟了］

（11）a. 他的胃上个月曾经做过检查，说没问题。

［说话人认为，说他的胃没有问题，那是过去的事，现在不一定是这样，也就是说，在说话人看来，检查的事已经过去，而且检查的结论今天也不一定有效］

b. 他的胃上个月已经做过检查，说没问题。

［检查的事虽然已经过去，但说话人认为过去的检查结论至今有效，他的胃现在不会有问题，也不用再检查］

（12）a. 大门口曾经种过两棵枣树。

[种树的事已成为过去，而且现在那枣树也没有了]

b. 大门口已经种了两棵枣树。

[种树的事虽然已经过去，但是枣树还在，而且现在也不必再种枣树，甚至不必再种树]

从上面的对比、分析中，可以比较清楚地看到，用"曾经"意在强调"过去一度如此，现在不如此了"，或者说"那是以前的事了，现在又当别论"；而用"已经"则意在强调"所说的事情或情况虽在某个特定的时间之前（包括说话之前和某个特定的行为动作之前）就成为事实，而其效应与影响一直作用于那个特定时间之后"。显然，用"已经"含有延续性和有效性；而用"曾经"，所说的事情或情况是以往的一种经历，含有非延续性和非有效性。

讲到这里不要以为通过上面的比较就把"曾经"和"已经"的差异完全说清楚了。譬如说，"早在2000年他就已经去世了"，这句话虽然说的是过去的事，但句子里的"已经"不能替换为"曾经"，不能说成"*早在2000年他就曾经去世了"。这为什么？语言事实表明，它们在具体用法上还有不少差异。下面具体加以说明。

## 四、"曾经"和"已经"在具体用法上的差异

"曾经"和"已经"在具体用法上的差异，可以分以下几点来说：

（一）二者所修饰的词语范围不同。这又可分三种情况来说。

1."曾经"不能用来修饰属于一次性的行为动作的动词，"已经"没有这个限制。例如：

（1）a. 那时他已经出生了。

b.* 那时他曾经出生过。

（2）a. 他已经为国牺牲了。

b.* 他曾经为国牺牲过。

（3）a. 他已经在前年逝世了。

b.* 他曾经在前年逝世过。

例（1）—例（3）里的“出生”“牺牲”“逝世”都属于一次性行为动作，不能用“曾经”。下面两个例子很有意思：

（4）那玻璃窗曾经打破过。

（5）* 那块玻璃曾经打破过。

例（4）和例（5）看着似乎差别不大，但是例（4）能说，例（5）就不能说。这为什么？因为例（5）说的是一次性现象，而例（4）说的并不属于一次性现象，玻璃窗破了可以再换一块玻璃。

2.“曾经”不能修饰表示受自然规律支配的必然现象的动词，“已经”没有这个限制。例如：

（6）a. 太阳已经下山了。

b.* 太阳曾经下山过。

（7）a. 孩子已经长大了。

b.* 孩子曾经长大过。

（8）a. 那花儿已经谢了。

b.* 那花儿曾经谢过。

3.“已经”能直接出现在含有“推移性”语义特征的名词的前面；“曾经”根本没有这样的用法。① 例如：

（9）a. 你已经大学生了。

b.* 你曾经大学生。

① 关于“已经大学生了”这类语法现象，参看邢福义《说“MP 了”句式》，《语文研究》1984 年第 3 期。

（10）a. 她已经大姑娘了。

b.* 她曾经大姑娘。

（11）a. 已经冬至了。

b.* 曾经冬至。

（二）跟助词“了”、跟语气词“了”的共现情况不同。

虚词“了”可以分为助词“了”和语气词“了”，即学界一般所谓的“$了_1$”与“$了_2$”。助词“$了_1$”紧跟动词后，通常出现在句子中间；语气词“$了_2$”则只出现在句末。“曾经”和“已经”都能跟“$了_1$”共现。下面是“曾经”与助词“$了_1$”共现的实例：

（12）在临别时，高老师曾经大大鼓励了他一番。

（13）他曾经挨了无数次的批评。

（14）清代医学怪才徐灵胎曾经用这种运气方法治好了不少怪病。

下面是“已经”与助词“$了_1$”共现的实例：

（15）去年刚进入腊月，我们那里已经下起了鹅毛大雪。

（16）当时，他的忍耐已经到了极限。

（17）应该说，他已经尽了他的职责了。

（18）他好像已经吃了四个包子。

但是，二者还略有区别。“曾经”跟助词“$了_1$”共现后面得出现数量成分；“已经”没有这个限制。例（12）—例（14）如果将动词后的数量成分删去，句子都站不住。请看：

（12′）* 在临别时，高老师曾经大大鼓励了他。

（13′）* 他曾经挨了批评。

（14′）* 清代医学怪才徐灵胎曾经用这种运气方法治好了怪病。

似乎也能见到后面不出现数量成分的句子，但后面一定带后续句。例如：

（19）当时王书记曾经对自留地定了性，说“这是资本主义的尾巴”。

例（19）如果将“说‘这是资本主义的尾巴’”这后续句删去，句子就站不住。请看：

（19′）* 当时王书记曾经对自留地定了性。

“已经”能跟语气词“了$_2$”共现，“曾经”则不能与语气词“了$_2$”共现。例如：

（20）我已经吃过饭了。

（21）等我起床，妈妈已经把油条、豆浆什么的放在餐桌上了。

还常常能见到“已经”跟助词“了$_1$”和语气词“了$_2$”共现的实例：

（22）他已经吃了三个馒头了。

（23）大家已经连续走了上百里地了，脚上都已经磨出了泡了。

例（20）—例（23）里的“已经”都不能换用“曾经”，不能说成：

（20′）* 我曾经吃过饭了。

（21′）* 等我起床，妈妈曾经把油条、豆浆什么的放在餐桌上了。

（22′）* 他曾经吃了三个馒头了。

（23′）* 大家曾经连续走了上百里地了，脚上都曾经磨出了泡了。

（三）修饰否定形式的情况不同。

“已经”和“曾经”修饰否定形式的情况有所不同。否定形式主要有两种，一种是由副词“不”构成的，一种是由副词“没有”构成的。

“已经”修饰由“不”构成的否定形式没有什么条件。例如：

（24）我现在已经不抽烟了。　　他已经不工作了。

我已经不想去香港了。　　我已经不喜欢钓鱼了。

我已经吃不下了。　　他已经站不起来了。

你已经不小了。　　那花已经不香了。

而修饰由副词“没有”构成的否定形式有条件限制，一般要求在否定副词“没有”前要有表示时段的数量成分。请看：

（25）他已经三天没有吃饭了。

我已经两个星期没有看书了。

他已经一个月没有洗澡了。

他已经三天三夜没有合眼了。

如果把上面句子里的数量成分删去，句子就都站不住，请看：

（25′）* 他已经没有吃饭了。

* 我已经没有看书了。

* 他已经没有洗澡了。

* 他已经没有合眼了。

注意，例（25）里的“* 他已经没有吃饭了”如果改成“他已经没有饭吃了”又可以说了。不过要注意，改了以后的句子其实就不属于我们所说的否定形式了，其中的“没有”也不是副词了，而变成相当于“无”的动词了。

“曾经”则无论修饰由副词“不”构成的否定形式，还是修饰由副词“没有”构成的否定形式，都要受到条件限制。“曾经”修饰由副词“不”构成的否定形式的条件是：动词要求是表示心理活动或表示意愿的动词。请比较下面的例句：

（26）a. 他曾经不喜欢狗。

b.* 他曾经不养狗。

c. 他曾经不喜欢养狗。

例（26）a 句的动词“喜欢”属于心理、意愿动词，句子可以说；b 句的动词“养”不是心理、意愿动词，句子就不能说；如果在 b 句的“养”前加上心理、意愿动词“喜欢”而变成 c 句，就又能说了。如果动词不是心理、意愿动词，那么要求在否定副词“不”前必须有表示时段的数量成分。例如：

（27）他曾经三天不吃饭。

他曾经半年不回一趟家。

我曾经三天三夜不省人事。

我骂了他以后，他曾经一个月不叫我一声“爸”。

如果把上面句子里的数量成分去掉就都不成话了。请看：

（27′）* 他曾经不吃饭。

* 他曾经不回一趟家。

* 我曾经不省人事。

* 我骂了他以后，他曾经不叫我一声“爸”。

“曾经”修饰由副词“没有”构成的否定形式的条件是：“没有”前必须有表示时段的数量成分。例如：

（28）他曾经一个月没有洗澡。

她曾经七年没有出过远门。

他曾经两个星期没有来上课。

有的人曾经三天三夜没有睡过一个整觉。

如果把这些句子中的表示时段的数量成分去掉，句子就都站不住，我们不说：

（28′）* 他曾经没有洗澡。

* 她曾经没有出过远门。

* 他曾经没有来上课。

* 有的人曾经没有睡过一个整觉。

（四）相应的否定形式不同。

用“已经”的句子，相应的否定形式有两种：

（I）……没有 + 动词 +（补语 / 宾语）。例如：

（29）**肯定式** **否定式**

我已经吃了。 我没有吃。

他已经说完了。 他没有说完。

那衣服已经卖出去了。 那衣服没有卖出去。

我们已经交给他了。 我们没有交给他。

他已经喝了牛奶了。 他没有喝牛奶。

（Ⅱ）……没有＋动词＋过＋（宾语）。例如：

（30）**肯定式** **否定式**

她已经去过上海。 她没有去过上海。

听说他已经结过婚了。 听说他没有结过婚。

他们说你已经学过两种外语了。 他们说你根本没有学过外语。

用“曾经”的句子，相应的否定形式也有两种：

（Ⅰ）……没有＋动词＋过＋（宾语）。例如：

（31）**肯定式** **否定式**

他曾经学过德语。 他没有学过德语。

这种酒我曾经喝过。 这种酒我没有喝过。

她曾经去了两次非洲。 她从来没有去过非洲。

她曾经在这儿住了三年。 她没有在这儿住过。

（Ⅱ）……不曾/未曾＋动词＋过＋（宾语）。例如：

（32）**肯定式** **否定式**

他曾经抽过大麻。 他不曾/未曾抽过大麻。

他曾经翻译过托尔斯泰的小说。 他不曾/未曾翻译过托尔斯泰的小说。

这种否定形式只见于书面语，口语中不说。

（五）与一些词语的搭配使用情况不同。

1.“已经”可以跟副词“快”“要”“在”共现，但“曾经”不能。例如：

（33）a. 宿舍大楼已经快完工了。

b.* 宿舍大楼曾经快完工。

（34）a. 他来的时候，我已经要吃完饭了。

b.* 他来的时候，我曾经要吃完饭。

（35）a. 你约他写的文章，他已经在写了。

b.* 你约他写的文章，他曾经在写。

2.“已经”和“曾经”都可以与副词“也”连用，但还有些差异：“曾经”与“也”连用时，“也”的位置可前可后，例如：

（36）a. 他也曾经立过功。

b. 他曾经也立过功。

（37）a. 北京故宫我也曾经参观过三次。

b. 北京故宫我曾经也参观过三次。

而“已经”与“也”连用时，“也”只能出现在“已经”前，不能出现在“已经”后。例如：

（38）a. 他也已经吃过了。

b.* 他已经也吃过了。

（39）a. 她也已经是教授了。

b.* 她已经也是教授了。

（40）a. 我也已经去过三次了。

b.* 我已经也去过三次了。

3.“已经”可以跟“自从……以来”或“到……为止”共现，“曾经”不能。例如：

（41）a. 自从上大学以来，他已经写了四篇短篇小说了。

b.* 自从上大学以来，他曾经写过四篇短篇小说。

（42）a. 到目前为止，我们已经完成了任务的百分之八十。

b.* 到目前为止，我们曾经完成过任务的百分之八十。

通过上述多角度、多层面的比较，我们就可以较好地分别了解、掌握“曾经”和“已经”的语法意义和用法，以及他们之间的异同。①



① 具体参看马真《“已经”和“曾经”的语法意义》，《语言科学》2003年第1期。

# 第八讲
# 副词“也”主要表示什么样的语法意义？

这一讲要给大家讲讲副词“也”主要表示什么语法意义。为什么要专门讲这个副词呢？这里不妨先跟大家简单说说我的一段教学经历。

## 一、以往学界对“也”的语法意义的看法

20世纪80年代初，北京大学中文系领导要我给汉语专业高年级学生开设一门专题课，叫**“现代汉语虚词研究”**，又同时让我为外国留学生中文专业本科高年级学生开设**“现代汉语虚词”**专题课。这两门课当时对我来说，都完全是新课，我必须认真备课，其中重要的一环就是要很好地了解、学习前人时贤有关汉语虚词的研究成果。副词“也”是高频词，虚词课上当然一定要讲授这个“也”。我在备课中翻阅各种语法书、工具书和有关文章，发现当时一些谈论现代汉语虚词的著作或工具书，将副词“也”表示的意义和用法列了好多种。大家从下面我们所列的有代表性的五部工具书[①]对副词

① 分别为：景士俊《现代汉语虚词》，内蒙古人民出版社，1980年；中国社会科学院语言研究所词典编辑室《现代汉语词典》，商务印书馆，1980年；中国社会科学院语言研究所修订《新华字典》，商务印书馆，1978年；吕叔湘主编《现代汉语八百词》（增订本），商务印书馆，1980年；商务印书馆辞书研究中心修订《新华词典》，商务印书馆，1980年。

"也"的释义中可见一斑：

| | 《现代汉语虚词》 | 《现代汉语词典》 | 《新华字典》 | 《现代汉语八百词》 | 《新华词典》 |
|---|---|---|---|---|---|
| 1. 表示同样（或相同） | + | + | + | + | + |
| 2. 表示并列关系 | + | + | + | + | |
| 3. 表示递进关系 | + | | | | |
| 4. 表示转折关系 | + | + | + | + | |
| 5. 表示条件关系 | + | + | | | |
| 6. 表示假设关系 | + | | | | |
| 7. 表示强调（或表示"甚至"） | + | + | + | + | + |
| 8. 表示委婉语气 | + | + | + | + | |
| 9. 表示别无办法 | | | | | + |

副词"也"真的能表示那么多意义吗？"也"出现在并列复句、递进复句、条件复句、转折复句或假设复句等复句中真的就分别表示并列、递进、条件、转折或假设的语法意义吗？我就有点儿怀疑。这就是发现问题。当时我想，我在课堂上讲到副词"也"的时候，总不能只是将各家的看法向同学介绍一下就了事，总得说说自己的看法吧。要说自己的看法，我就得先对副词"也"做一番思考与研究。

## 二、"也"在并列复句中表示的语法意义

那么副词"也"主要表示什么样的语法意义？我先考察分析了副词"也"在并列复句中的实际作用。我在所搜集的使用"也"的语料中，选择了例（1）来跟抽掉了句中"也"的例（2）做对比：

（1）他吃了一个苹果，我也吃了一个苹果。

（2）他吃了一个苹果，我吃了一个苹果。

当时几乎所有语法书和辞书都认为例（1）并列复句中的“也”，“表示并列关系”。而无论例（1）还是例（2），汉语语法学界又都认为是并列复句。这也就是说，有“也”的例（1）和没有用“也”的例（2）学界都认为是并列复句。这说明，一个复句是不是并列复句，不取决于句中是否用副词“也”。

那么例（1）里的“也”到底具体起什么作用呢？是不是可以认为例（1）里的“也”是起“增强并列关系”的作用呢？我们先来细细比较、分析一下例（1）和例（2）在表达上的异同。经分析，我们不难发现，例（2）没有用“也”，只是客观地把“他吃了一个苹果”跟“我吃了一个苹果”这两件事并列起来说；例（1）用了“也”，除了将“他吃了一个苹果”和“我吃了一个苹果”这两件事并列起来说之外，明显还有一层意思，那就是强调后者与前者类同。由此我们获得一个初步的结论：

**“也”在并列复句中的作用不是强调二者的并列关系，而是强调二者类同。**

但光凭这两个句子的比较，还缺乏说服力，还必须进一步对“‘也’在并列复句中只是强调二者类同”这一看法加以求证，同时必须进一步对一般所谓的“‘也’在并列复句中表示并列关系”的说法进行证伪。为此，需要思考的第一个问题是：如果并列复句的两个分句所说的两件事情或两种情况，毫无类同之处，能不能用“也”？例如下面这样的复句：

（3）约翰是美国人，柯彼得是德国人。

（4）妹妹在哭，弟弟在笑。

例（3）和例（4）是大家公认的表示并列关系的复句，可是我们没法通过加上副词“也”来加强这种并列关系。我们绝对不说：

（3′）* 约翰是美国人，柯彼得也是德国人。

（4′）* 妹妹在哭，弟弟也在笑。

这再一次说明，副词“也”在并列复句中的实际作用是表示类同，而不是表示并列关系。

需要思考的第二个问题是：如果所说的两件事或两种情况有类同之处，是否一定用“也”？结果发现，用不用“也”取决于语境，具体说取决于是否需要强调二者的类同关系。请看例（5）、例（6）：

（5）——你们考了多少分？

——他只考了60分，我只考了63分。

（6）——你们考得好吗？

——他只考了60分，我也只考了63分。

例（5）和例（6）的答话部分，就基本内容看，所说的两种情况是一样的，都是“他只考了60分”和“我只考了63分”，但是因为例（5）是问“你们考了多少分？”，这个语境决定了答话无须强调二者的类同性，只要如实分别说出两个人的成绩就可以了，所以没有用“也”，也不宜用“也”。而例（6）是问“你们考得好吗？”，答话人“我”自己觉得60分也好，63分也好，成绩都不怎么样；这一语境决定了答话需要用表示类同的“也”，以强调二者的类同性——“我”和“他”都考得不太好。

可见，并列关系复句中的“也”不表示并列关系。并列复句中能不能用“也”，用不用“也”，关键在于有无类同关系，需要不需要强调类同性。

## 三、“也”在递进复句中表示的语法意义

现在我们用类似的分析研究思路来对递进复句中的“也”做一

番考察与分析。景士俊《现代汉语虚词》认为下面例（1）这个递进复句中的“也”表示递进关系：

（1）世界语不仅我不会，他也不懂。

例（1）的递进关系真是由副词“也”表示的吗？为了弄清例（1）的递进关系怎么来的，我们进行了以下两种测试：

一是将“也”保留，把“不仅”抽去，句子变成：

（1′）世界语我不会，他也不懂。

不难发现，例（1）去掉了“不仅”，马上变成并列复句例（1′）了。可见例（1）的递进关系不能认为是由“也”表示的，反倒让人觉得那递进关系似乎跟连词“不仅”的关系更密切。

二是将“不仅”保留，抽去“也”，句子变成：

（1″）？世界语不仅我不会，他不懂。

例（1″）给人“话只说了一半，没有说完”的感觉，句子不能明显表示出递进关系。

事实上，确切地说，例（1）这样的递进复句，那递进关系是由“不仅/不但……，（而且）……也……”这一句法格式表示的。而“也”在句子中还是“表示类同”。

## 四、“也”在转折复句中表示的语法意义

我们再用类似的分析研究思路来考察、分析一下转折复句里的“也”。按景士俊《现代汉语虚词》（1980）和《现代汉语词典》（1980）的看法，下面复句里的“也”表示转折关系：

（1）他虽然不及格，也被录取了。

从表面看来，他们的看法似乎有些道理，因为在这个句子里，“虽然”可以去掉，去掉了还是表示转折（“他不及格，也被录取了”）。

"也"则不能去掉，去掉"也"即使保留"虽然"，句子也站不住，可见"也"表示转折。其实，这是一种错觉。在上面这个句子里"也"的基本作用仍然是表示类同。为使大家明了这一点，在这里有必要说明一下在具体语言环境中"也"所表示的两种性质的类同：一种是"相应性类同"，一种是"不相应性类同"。请看：

（2）只要及格，80 分的能录取，60 分的也能录取。

（3）及格的录取了，不及格的也录取了。

例（2）"也"表示相应性类同，句子的意思是只要及格的都录取。例（3）"也"表示不相应性类同：按说不及格和及格是相对立的，不及格的和及格的不能一律对待、同等处理，而现在竟一律对待、同等处理了。可见转折的意思与这种不相应性类同有关，而不是由"也"表示的。"也"在转折复句中也还是"表示类同"，至于那"类同"是属于"相应性"的还是"不相应性"的，这是由前后分句的内容决定的。因此，转折关系实际就是由"（虽然）……，（但是）也 / 却……"这个句子格式表示的。

## 五、"也"在条件复句中表示的语法意义

我们再来考察分析一下条件复句中的"也"。景士俊《现代汉语虚词》（1980）所举的例子是：

（1）不管怎么说，他也不听。

（2）我的记性坏透了，英文单字咋记也记不住。

例（1）、例（2）都是表示无条件的条件复句，但是"也"在这里并不表示条件关系，仍然表示类同，强调在任何条件下其结果都类同。如例（1）的意思是：你这么说他不听，那么说他也不听，不管怎么说，结果都一样是"不听"。例（2）的意思是：不管怎么记，

结果都一样——记不住。再看下面这个句子：

（3）无论刮风下雨，他也从来不迟到。

例（3）里的“也”表示即使在与常规相悖的情况下，他同样不迟到。下面我们再举两个有条件的条件句：

（4）只要你好好劝说，他会听的。

（5）只要你认真记，能记住的。

这两个条件复句都没有“也”，但都可以加上“也”，例如：

（4′）只要你好好劝说，他也会听的。

（5′）只要你认真记，也能记住的。

加上“也”以后仍然是条件复句，而“也”在这里的作用并不是强调分句之间的条件关系，而是要强调只要具备这个条件，也会得到与别人同样的结果。这就是说，“也”在这里仍然表示类同。

## 六、“也”在假设复句中表示的语法意义

我们再来考察分析一下假设复句里的“也”。景士俊《现代汉语虚词》（1980）认为下面复句中的“也”表示假设关系：

（1）水从悬崖上像条飞练似的泻下，即使站在十里外的山头上，也能看见那飞练的白光。

这个句子有假设的意思，但从前后分句的关系看，仍属让步转折关系，只是这是一种假设让步转折关系。分句之间的这种假设让步转折关系，事实上也是由“即使……，也/还……”这个句法格式表示的，而其中的“也”，跟表示让步转折关系中所用的“也”一样，也仍是表示类同——表示不相应性类同：例（1）强调在“能看见那飞练的白光”这一点上，“站在十里外的山头上”跟站在很近的地方（能清楚看见）是相类同的。再如：

（2）即使下雨，也要坚持锻炼。

此例意思是，在正常情况下要坚持锻炼，在特殊情况（下雨）下也跟正常情况下一样要坚持锻炼。下面倒是一个只表示假设关系的假设复句：

（3）如果我去拿，不一定能拿来。

例（3）可以加上“也”说成：

（3′）如果我去拿，也不一定能拿来。

说这句话时，总是预设着这样的内容：某人去拿过了，没能拿来。例（3′）中的“也”正是强调“我”将和那个人一样，不一定能拿来。显然这个句子里的“也”还是表示类同，而不是假设。

## 七、“也”有表示“甚至”、表示强调的语法意义吗？

从前面所列的表中可以看出，学界都认为副词“也”能表示“甚至”、表示强调。所举的实例是：

（1）他一心扑在工作上，有时候（连）饭也忘了吃。

（2）（连）他也不知道，谁能知道？

例（1）、例（2）的确有“甚至”的意思，有表示强调的意味，然而这并不是由“也”表示的，而是由“（连）X也……”这整个格式表示的，“也”在这个格式里仍然“表示类同”。值得注意的是：X必须重读，这个格式里的X所举的总是说话人认为最有可能这样（或最不可能这样）的事物，“也”的作用在于强调一类中最有可能这样的（或最不可能这样的）也跟一般的一样没能这样（或这样了）。如例（2）“也”强调最不可能忘记吃的“饭”，也跟别的东西一样忘了。

## 八、关于“也”表示委婉语气

学界一般认为“也”能表示委婉语气。例如：

（1）你也太不客气了。

（2）玉萍也太不懂事了。

我们承认例（1）和例（2）里的“也”是表示委婉语气。不过，需要指出的是，副词“也”表示的这种意思是从“‘也’表示类同”这一基本语法意义引申发展来的。试比较例（1）和例（3）：

（1）你也太不客气了。

（3）你太不客气了。

上面两句话的基本意思一样，但语气不同。例（3）没有“也”，说得很直，口气很硬，甚至带有训斥的语气，听起来感到刺耳；例（1）有“也”，语气就要委婉多了。为什么“也”能起这样的作用呢？由于“也”表示类同，所以在表示责怪、怨恨的语句中用了“也”，就含有这样的意思：“所指出的问题并非只是提到的人才有”，从而减弱了责怪、怨恨的语气。如例（1）说话人要说对方太不客气，但又不想使对方受不了，于是就用个“也”，表示“你”是太不客气，但这不是“你”一个人这样，以此来减弱责怪的语气。类似的例子如：

（4）他也太没有礼貌了！

（5）你弟弟也太不像话了！

可见，“也”表示委婉语气还是从它的基本作用来的。

《新华词典》认为“也”还有一个义项，“表示别无办法”。所举的例子是：

（6）到现在才下雨，也只好种荞麦了。

例（6）的确含有“别无办法”的意思，但这是由“只好”表示的，不是由“也”表示的，去掉“也”，句子（只好种荞麦了）仍然含有“别无办法的意思”。这里“也”的用法可以归到表示委婉语气这一用法中去，这是在含有无可奈何、别无办法意思的句子中表示委婉语气。

## 九、余论

总之，现代汉语里的副词“也”，主要表示类同，这是它最基本的语法意义；除此，还可以表示委婉语气，这是由“表示类同”这一语法意义引申虚化（按现在的说法就是“语法化”）而来的。

顺带说一下，以往一般辞书或语法书对副词“也”的基本语法意义用“表示同样（或相同）”这样的说法，我们觉得还是用“表示类同”这一说法更符合语言实际情况。像“风停了，浪也小了”，就不好说“同样”或“相同”。大量用副词“也”的句子，从内容上来看，都类似“风停了，浪也小了”的情况。

最后我还想说，副词“也”许多语法论著都谈到过，我们之所以还要谈论它，一方面想说明“也”的基本作用是表示类同，而不是别的什么；另一方面，我们也想通过对“也”的基本作用和具体用法的剖析说明，**在虚词研究中切忌将含有某个虚词的某种句子格式所表示的语法意义硬归到格式中所包含的这个虚词身上去**。

虚词只表示语法意义，而一个虚词在句子中往往有种种不同的用法。那么怎样才能把握住这个虚词的语法意义呢？我们认为很重要的一点是，一定要通过比较分析，透过表面的种种用法去把握住这个虚词的实际作用，找出种种用法的内在联系，这样才不至于为表面现象所迷惑，把本来有内在联系的用法割裂开，把本来不属于这个虚词的语法意义误认为是它的语法意义。

# 第九讲
# “也”表示类同时的虚实两种用法

上一讲我们以实例分析说明了副词“也”最基本的语法意义是“表示类同”。不过“也”在表示类同时，还有虚实两种用法。这一讲就讲讲这个问题。

## 一、所谓副词“也”的虚实两种用法

什么叫“实”的用法，什么叫“虚”的用法？请先看两个例子：

（1）他吃了一个苹果，我也吃了一个苹果。

（2）世界语不仅我不会，他也不懂。

例（1）是并列复句，例（2）是递进复句。无论例（1）还是例（2），类同的两项都在句子中出现了，“也”的类同义让人一看就明白。下面的例子是另一种情况：

（3）为什么李四不及格也录取了？

（4）他一口酒也不喝。

从字面上看，例（3）、例（4）都只说出了一件事，例（3）只说了“李四不及格录取了”，例（4）只说了“他一口酒不喝”。然而这两个句子让人明显地感觉到分别隐含着未明言的话，那隐含着的话跟明白说出的话其所指有类同之处，请看：

（3′）〔张三等人都及格，当然该录取〕为什么李四不及格也录取了？

（4′）〔他大量的酒不喝〕他一口酒也不喝。

例（3）、例（4）所以会给人传递上面所说的那种信息，正是由于“也”的作用。因此，上面两例中的“也”还是表示类同。

我们将例（1）、例（2）语境中“也”的用法称为“‘也’的实用用法”；将例（3）、例（4）语境中“也”的用法称为“‘也’的虚用用法”。下面我就进一步做些具体说明。

## 二、“也”的实用用法

所谓“‘也’的实用用法”，上面已经说了，是指在有“也”的句子里，相类同的诸项都明白说出。具体说来还可以分为三种情况，分别体现为三种句子格式。

第一种情况是前后分句主语不同而谓语相同的复句，“也”主要强调就某种行为动作、状况、性质（用 W 表示）说，Y 和 X 相类同。其句式是：

句式 I：XW，Y 也 W。例如：

（1）他看了，我也看了。

（2）他挨批评了，我也挨批评了。

（3）他做的不实用，你做的也不实用。

第一种情况通常表示并列关系，如例（1）—例（3）。有时，也可以表示假设关系。例如：

（4）——我们到底谁去呢？

——我看是不是这样，你去，我也去。

（5）——你敢去吗？

——那你去吗？你去，我也去。

（6）你去，我也去。

例（4）表示并列关系，相当于“我看是不是这样，你也去，我也去”；例（5）表示假设关系，意思是“如果你敢去，那么我跟你一样也敢去”；例（6）由于离开一定的上下文，所以有歧义，既可以看作并列复句，也可以看作假设复句。不管表示哪种关系，“也”的作用都表示类同。这里必须指出的是，如果表示假设关系，谓语末尾不能有“了”。试比较：

| | 甲 | 乙 |
| --- | --- | --- |
| （7） | 你去了，我也去了。 | 你去，我也去。 |
| （8） | 他去上海了，我也去上海了。 | 他去上海，我也去上海。 |
| （9） | 他不抽烟了，我也不抽烟了。 | 他不抽烟，我也不抽烟。 |

甲组句子谓语末尾有“了”，都只表示并列关系；乙组句子谓语末尾没有“了”，都有歧义，既可以表示并列关系，也可以表示假设关系。

也有表示递进关系的。例如：

（10）这个玩意儿不但我没见过，我妈也没见过。

（11）你看她，不但英语没有学好，该学的语文、算术也没有学好。

（12）修车对她们来说小菜一碟，不仅翠萍会修，兰姐也会修。

第二种情况，最常见的是前后主语相同而谓语不同的并列复句，“也”主要强调对主语而言，后一分句的谓语所指，其所占的位置、所起的作用与前一分句的谓语所指类同。其句式是：

句式Ⅱ：$XW_1$，X也$W_2$。

由于前后主语相同，后一分句的主语往往承前省略；如果重复出现，是为了能起某种修辞作用。例如：

（13）这个地方能攻，也能守。

（14）他很爱打排球，（他）也很爱踢足球。

（15）我们应当相信群众，我们应当相信党。这是两条最根本的原理。

注意例（15），前后分句主语虽相同，但都在句子中出现了，这旨在强调“我们应当相信群众”和“我们应当相信党”这是两条根本的原理，所以后一分句主语“我们”必须重复出现，这样既醒目，更起了凸显的作用。

也有递进复句，例如：

（16）世界语不仅我不会，他也不懂。

（17）这种看法不仅不符合工商业者的实际情况，也不符合工商业者大多数人的愿望。

（18）巩固我们党的团结和统一，这不但符合我们党的利益，也符合全国人民的利益。

第三种情况是前后主语不同、谓语也不同的并列复句，“也”主要强调后一分句所说的情况跟前一分句所说的情况从某个角度看相类同。其句式是：

句式Ⅲ：$XW_1$，Y 也 $W_2$。例如：

（19）风停了，浪也小了。

（20）地扫了，玻璃也擦了。

（21）假期我去广州了，他也去桂林了。

例（19）强调风、浪都趋于减弱；例（20）前后说的都属于打扫卫生；例（21）意在说明假期“我”和“他”都外出了。

上述三种情况当它们表示并列关系时，在前后两项（或几项）中，可以只出现一个“也”，也可以出现两个（或几个）“也”。如果只出现一个“也”，那只在后一项出现，绝不能在前一项出现。有时，前面不用“也”，用“既”，构成“既……也……”的格式，但是这只限于前面所说第二种情况，即必须两个分句主语相同。例如：

（22）他既搞文艺批评，也搞文艺创作。

（23）他既爱打排球，也爱踢足球。

（24）这个地方既能攻，也能守。

我们上面说了，在实用的用法中，类同的两项（或几项）都要在句子中出现，但有时表面看似乎只出现了一项，事实上还是都出现了，只是不在同一个句子里。这有两种情况：

一种情况是另一项已见于上文，不用再在这句话中出现了。例如：

（25）昨天小张他们去割麦子了，回来得挺晚。小陈他们也去割麦子了吗？也回来得很晚吗？

例（25）与“小陈他们也去割麦子了”相类同的另一项，与“也回来得很晚”相类同的另一项，都在前一个句子里出现了。

另一种情况是对话中有条件地省略了，我们可以自然地补出来。例如：

（26）——我决定放假去上海，你呢？

——我也去上海。

（27）班长问李铁柱：“你星期天进城吗？”李答道：“不进城。”又问顾小明，小明说：“我也不进城。”

例（26）、例（27）属于在对话中有条件地省略了。

不管是属于哪种情况，实际上还是两项都出现了，不过不是在一个句子里，而是在前后句子里出现。

## 三、“也”的虚用用法

所谓“‘也’的虚用用法”，就是指在有“也”的句子里，相类同的前项只是隐含着而未明白说出，甚至是假想的，实际上不一定能明白确切地说出。例如：

（1）为什么李四不及格也录取了？

（2）他一口酒也不喝。

在“也”的虚用用法中，“也”往往跟其他某些词语构成固定格式，整个格式表示某种特殊的语法意义。常见的格式有：

格式Ⅰ：虽然 / 尽管……，也……。（斜线符号“ / ”表示“或者”的意思，下同）例如：

（3）他虽然不及格，也被录取了。

（4）他虽然不同意，但在投票时也投了赞成票。

（5）尽管他一连写去了三封信，也还是没有消息。

（6）尽管下雨，他也来了。

这个格式表示让步转折，其中的“也”还是表示类同，只是它所表示的类同有与常规相悖的情况。拿例（3）来说，及格的被录取了，这是合乎常规的，现在不及格的同样被录取了，这就有点儿跟常规相悖。

格式Ⅱ：即使 / 就是……，也……。例如：

（7）水从悬崖上像条飞练似的泻下，即使站在十里外的山头上，也能看见那飞练的白光。

（8）即使它给我的是一个警告，我心里也是暖暖的。

（9）就是下雨，也要坚持锻炼。

（10）现在水源充足了，就是遇上旱灾，我们也还能获得丰产。

这是一种假设让步转折复句句式。例（7）—例（10）分句之间那种假设让步转折关系，是由“即使 / 就是……，也……”这个格式表示的，而其中的“也”仍然是表示类同，它所表示的类同也属于“不相应性类同”。

格式Ⅲ：无论 / 不论 / 不管……，也……。例如：

（11）无论什么天气，他也会去。

（12）不管谁来劝说，他也还是不去。

（13）不管怎么说，他也不听。

这是一个表示无条件的复句句式，强调在任何情况下都这样（或都不这样），而“也”在这里仍表示类同。如例（11）的意思是好天气他会去，坏天气他也会去，不管天气好坏，结果都一样——会去。

格式Ⅳ：连'X……也……。例如：

（14）连他也来了。

（15）连饭也忘了吃。

这个格式在于强调性状或行为动作的主体或客体范围之广，反过来又强调这种性状或行为动作所达到的程度之深。“连”字后面、“也”字前面那个成分（X）总是这个格式的重音所在，它所举出的总是说话者认为最有可能（或最不可能）这样的事例，“也”在这里的作用在于强调一类中最有可能（或最不可能）这样的也跟一般的一样没能这样（或这样了），所以“也”在这里仍表示类同，不过它所表示的类同也含有与常规相悖的情况。

格式Ⅴ：动词＋也＋动词＋可能补语否定式。例如：

（16）洗也洗不干净。

（17）跑也跑不动。

这些句子的前面，或者可以加上“即使”（即使洗也洗不干净），或者可以加上“连”（连跑也跑不动），因此格式Ⅴ兼表让步转折（这时跟格式Ⅱ一样）和强调（这时跟格式Ⅳ一样）这两种意思，着重强调通过某种行为动作，不可能达到某种结果。“也”在这里仍表示类同，不过它所表示的类同也含有与常规相悖的情况。

格式Ⅵ：一……也＋不／没有……。例如：

（18）一口酒也不喝。

（19）一个人都没有来。

这是一个既表让步转折，又强调周遍意义的格式。句子头上有时可以加“即使”（即使一口酒也不喝），有时可以加“连”（连一个人都没有来）。例（18）强调不喝酒，哪怕是一小口；例（19）强调人都没有来，哪怕是一个人。“也”在这里仍表示类同，同样它所表示的类同也含有与常规相悖的情况。

格式Ⅶ：疑问代词＋也……。例如：

（20）谁也不说话。

（21）什么都不吃。

（22）谁也懂得。

“也”后面的成分以否定形式居多。这种格式强调某种情况对主体或客体来说是无一例外的。这虽是一种单句格式，但从表达的角度看，跟格式Ⅲ属于一个类，因此句子头上都可以加“无论”“不论”或“不管”这些连词。“也”在这里仍表示类同，它所表示的类同含有与常规相悖的情况。

上述种种格式所表示的语法意义各不相同，但这些格式中的“也”的具体作用却是相同的，都表示类同。因此这种种格式又具有共同的特点，都表示事情的结果不因条件的不同或情况的变化而不同，即条件、情况等不同了，变化了，而结果还是类同的。

# 第十讲
# 包含副词“也”的并列复句

第八讲我们运用比较的方法，以事实分析、说明了副词“也”不管是在并列复句、递进复句中起连接作用，还是在转折复句、条件复句、假设复句中起连接作用，其基本语法意义都是“表示类同”，[①]而且得出了一个具有普遍方法论意义的结论：

**在虚词研究中切忌将含有某个虚词的某种句子格式所表示的语法意义硬归到格式中所包含的这个虚词身上去。**

这一看法得到了学界的普遍肯定。进入21世纪我又发现了跟副词“也”相关的一些新的现象，进行了一些新的探究，这一讲就跟大家说说我的新的研究成果。

## 一、一个偏误句引起的思考

新的研究是由一位外国汉语学习者使用“也”的偏误句所引起的。2011年我们在美国访问时，有个美国孩子在向我们介绍他的朋友佩雷斯时，说了这么一个用“也”的并列复句，引起了我的注意：

① 在《说“也”》（《中国语文》1982年第4期）一文中也同时指出，在现代汉语中还有另外一个“也”，表示委婉语气，例如：“你也太不懂事了。”“你也得体谅体谅别人嘛！”它是由表示类同的“也”经虚化（用现在的话来说就是“语法化”）而成的。

（1）*佩雷斯是我很要好的朋友，他是犹太人，从小生活在纽约，很喜欢学习中文，除了母语，现在他会说中文，也会说一口流利的英语。

我总觉得这个句子有点儿别扭。别扭在哪里呢？觉得最后两个小句的次序好像应该倒一下，应说成：

（1′）佩雷斯是我很要好的朋友，他是犹太人，从小生活在纽约，很喜欢学习中文，除了母语，现在他会说一口流利的英语，也会说中文。

这个情况引发我思考这样一个问题：用“也”的并列复句，如果有A、B两项，那两项该哪个在前哪个在后？

如果不好好思考就会回答说：就要看说话人着意要说“谁跟谁类同”，如果是要说B跟A类同，那么A在前，B在后；如果是要说A跟B类同，那么B在前，A在后。例如：

（2）他吃了个苹果，我也吃了个苹果。

（3）我吃了个苹果，他也吃了个苹果。

例（2）是要说“我”跟“他”类同，例（3）是要说“他”跟“我”类同。然而情况就那么简单吗？例（1）偏误句的事实说明不会那么简单。

根据语料，经研究发现，包含“也”的并列复句，从形式上来看，有两大类型，一类是只在并列各项的最后一项用“也”，另一类是并列各项每项都用“也”。下面分别说明。

## 二、只在最后一项用“也”的并列复句（上）

先说说在并列各项最后一项用“也”的并列复句。这具体还可分为两种情况。

第一种情况：A 和 B 在语义上不分主次，孰前孰后，确实完全取决于语境，就看说话人是要说“谁跟谁类同”。如上一节所举的例（2）、例（3）就是，好多例了属于这一人类，例如：

（1）a. 林芸是桂林人，薛莹也是桂林人。

b. 薛莹是桂林人，林芸也是桂林人。

（2）a. 马明森是 2012 年考入清华大学的，汪晓霞也是 2012 年考入清华大学的。

b. 汪晓霞是 2012 年考入清华大学的，马明森也是 2012 年考入清华大学的。

（3）a. 我从不喝酒，也从不抽烟。

b. 我从不抽烟，也从不喝酒。

（4）a. 我喜欢裹着白雪的红梅，也喜欢散发着幽香的腊梅花。

b. 我喜欢散发着幽香的腊梅花，也喜欢裹着白雪的红梅。

这第一种情况比较清楚，这里不再举例多说了。

## 三、只在最后一项用“也”的并列复句（下）

第二种情况：A 和 B 在语义上不平等，孰前孰后有讲究。具体可以细分为以下几种情况：

（一）A 和 B 在语义上有主次之分，主者在前，次者在后。例如：

（1）水库可以用来灌溉、发电，也可以用来养鱼。

（2）李学群是中文系的研究生，也在经济系听些课。

水库的主要功能是灌溉、发电，而不是养鱼；中文系的研究生主修的当然是中文系的课程，而经济系听课只是辅修的。所以例（1）、例（2）绝不能采用下列说法：

（1′）* 水库可以用来养鱼，也可以用来灌溉、发电。

（2′）* 中文系研究生李学群在经济系听些课，也在中文系上课。

本讲一开始所举的例（1）偏误句，就属于这一小类。

（二）A 和 B 在时间上有先后之分，先者在前，后者在后。例如：

（3）第一批出发的已到达指定地点，第二批出发的也到达指定地点了。

（4）今年老大上大学，明年老二也要上大学了。

（5）今年大海哥参军了，我长大后也要参军。

例（3）—例（5）A 和 B 存在着明显的时间先后顺序，所以不采用下面的说法：

（3′）* 第二批出发的已到达指定地点，第一批出发的也到达指定地点了。

（4′）* 明年老二要上大学了，今年老大也上大学。

（5′）* 我长大后要参军，今年大海哥也参军了。

（三）在表达仿照关系的复句中，总是被仿照者 A 在前，仿照者 B 在后。例如：

（6）他们都喝咖啡，那我跟他们一样，也来一杯咖啡。

（7）你先跟我学，我怎么做，你也怎么做。

（8）参观回来，他们就模仿祁连大队，也建起了草莓种植大棚。

（四）A 和 B 如果在情理上隐含因果关系，那么表示“因”的 A 在前，表示“果”的 B 在后。例如：

（9）爸爸经过一年治疗，病好了，人也变得有精神了。

（10）到了下午，风停了，浪也小了。

例（9）在“病好了”和“有精神了”之间，例（10）在“风停”和“浪小”之间，都含有情理上的因果关系，所以不采用下面的说法：

（9′）* 爸爸经过一年治疗，人变得有精神了，病也好了。

（10′）* 到了下午，浪小了，风也停了。

（五）A 和 B 具有量级关系，表示类同关系时遵循"递减"准则[①]，量级高的 A 在前，量级低的 B 在后。例如：

（11）这么难的问题小孩儿不知道，科学家也不知道。

（12）这么容易的问题，别说一般人能回答出来，小孩儿也能回答出来。

就对客观现象或问题的认识或解释这一点来说，"孩子"与"科学家"之间就存在着量级关系。例（11）对于难的问题，就"不知道"而言，小孩儿与科学家呈现"递减"的量级关系——小孩儿量级高，在前；科学家量级低，在后。例（12）对于容易的问题，就"能回答出来"而言，一般人（"一般人"总是指成人）与小孩儿呈现"递减"的量级关系——一般人量级高，在前；小孩儿量级低，在后。这两个例子都不能说成：

（11′）*这么难的问题科学家不知道，小孩儿也不知道。

（12′）*这么容易的问题，别说小孩儿能回答出来，一般人也能回答出来。

下面是同类的例子：

（13）挂得太高了，个子矮的够不着，个子高的也够不着。

（14）这个洞太小了，大个子钻不进去，小个子也钻不进去。

这种并列复句在实际话语交际中更常见的是采用表示"极性强调"的、体现量级序位关系的"连"字句来表达[②]，说成：

---

① 关于量级关系，请参看王伟《名词性并列结构中语义量级的句法投射》，《北京大学学报》2006 年国内访问学者、进修教师论文专刊。

② 参看张谊生《汉语"都"的语法化和主观化》，《徐州师范大学学报》（哲学社会科学版）2005 年第 1 期；张旺熹《连字句序位框架及其对条件成分的映射》，见张旺熹主编《汉语句法结构隐性量探微》（第 75—94 页），北京语言大学出版社，2009 年。

（15）这么难的问题连科学家也不知道。

（16）这问题容易，连小孩儿也回答得出来。

（17）挂得太高了，连个子高的也够不着。

（18）这个洞太小了，连小个子也钻不进去。

## 四、每项都用“也”的并列复句

现在说说并列各项都用“也”的并列复句。

每一个并列项都用“也”，最常见的还是只包含两项的，但也有包含三项、四项甚至更多项的。例如：

（1）他最初也很沮丧，也很难过，但音乐使他开始了新的人生。

（2）这里花儿还是美丽地开着，蜻蜓蝴蝶还是妖俏地飞着；也不刮大风，也不下雪，河里也不结冰。

（3）何以度心眼，一声阿弥陀，行也阿弥陀，住也阿弥陀，坐也阿弥陀，卧也阿弥陀，……

（4）这样的时候，似乎可以说我让那东西移了情了。山也移情，水也移情，晴空也移情，田畴也移情，飞鸟也移情，游鱼也移情，一切景物融合成一个整体而移我们的情的时候，……

下面以只包含两个并列项的并列复句为代表来加以分析说明，所得结论也适用于包含多项的。

我们所说的并列两项都用“也”的并列复句句式，是这样一种并列复句句式——前后分句用“也”，而且彼此互相呼应，以凸显前后分句之间的类同关系。具体又可分两种情况：

一种情况，A 项和 B 项在语义上无先后主次之分，孰前孰后，取决于语境，就看说话人是要说“谁跟谁类同”。例如：

（5）他最初也很沮丧，也很难过，但音乐使他开始了新的人生。

（6）要说居住，这里比城里不知好多少倍。这里天也特别蓝，空气也特别清新，让人觉得特舒服。

例（5）、例（6）也可以说成：

（5′）他最初也很难过，也很沮丧，但音乐使他开始了新的人生。

（6′）要说居住，这里比城里不知好多少倍。这里空气也特别清新，天也特别蓝，让人觉得特舒服。

大量的是属于这一类。

另一种情况是，A 项和 B 项在语义上有先后主次之分。这种主次之分大致可分为：

（一）肯定与否定并举，肯定项在前，否定项在后。例如：

（7）未确定结果前还得找工作，遇到满意的单位签也不是，不签也不是，这种两难境地深深折磨着许多毕业生。

（8）天赐怕也不是，不怕也不是，一会儿以为老师是怪物，一会儿……

（9）及至见了他，她的勇气又消散了，笑也不是，不笑也不是，无聊的，敷衍的，跟他说几句极平常，不着边际的话。

（10）你们认罪也死，不认罪也死，何苦多饶一面呢？

（11）杜亦甫莫名其妙地在后面跟着，跑也不好，不跑也不好，十分的不好过。

（二）含有指示代词，近指“这-”与远指“那-”并举，那么近指“这-”在前，远指“那-”在后。例如：

（12）那塔砖放在自己的家中，凡事都必平安，如意，逢凶化吉，于是这个也挖，那个也挖，挖之久久，便倒了。

（13）到了店里，满眼是五颜六色的丝巾，这条也好看，那条也漂亮，她不知挑选哪一条好了。

（14）只见他在墙上摸来摸去，一会儿又这里也敲敲，那里也敲敲，好像在找什么东西。

（15）就是插队，这儿也插队，那儿也插队，有的是一中的，有的是就咱们这左近的，……

（三）有些成为习惯性的说法，譬如“旱涝”不说“涝旱”，“远近”不说“近远”，“东西”不说“西东”，“好歹”不说“歹好”，“茶饭”不说“饭茶”，“书报”不说“报书”，等等，如果二者对举时，就按习惯分列前后。例如：

（16）我自己的那几亩旱也不收，涝也不收。

（17）车轮刺啦刺啦地响，喇叭也有噗噗的，有的吧吧地乱叫。远处也是车，近处也是车，……

（18）东也闹兵，西也闹兵，谁敢走啊！

（19）好也不行，歹也不行，这条路上只有死亡，而且说不定哪时就来到，自己一点儿也不晓得。

（20）回家以后，他躺了三天三夜，茶也不思，饭也不想！

（21）同久病初愈的患者一样，日日但伸展了四肢，躺在藤椅子上，书也懒得读，报也不愿看。

（四）按时间先后排列。例如：

（22）我们与友人定约会的时候，若说随便什么时间，早晨也好，晚上也可以，反正我一天不出门，你哪时来也可以。

（23）一天老是，三顿就那个，早上也那个，中午也那个，晚上也是那，你还甭去排队，……

（24）当那次会议的精神一传达，凤阳县小岗村的农民伤心地说：“早也盼，晚也盼，盼来了两个‘不许干’！”

这里我们需要提醒大家注意的是，在复句里，前后分句都用“也”不见得就一定是我们上面所说的前后两项都用“也”的并列复句。例如：

（25）我爹在村里什么团体也不参加，谁也管不着他的事，光凭我一个人怎么争取得了他？

（26）男队的实力很强，他们会得很多金牌。我们女子的实力也很强，也要多得金牌。

（27）何科长说：“我们家乡的地名可没有……唔！也不少，也不少！”

上面所举的几个例子前后虽是并列关系，但都不属于我们要说的“A……也……，B……也……”并列复句句式，它们句中前后的“也”没有呼应关系，并不凸显前后分句之间的类同性。如例（25）的“什么团体也不参加，谁也管不着他的事”，表面看前后分句都有副词“也”，实际是两个周遍性主语句[①]前后连着用；例（26）里的副词“也”不是来表示“我们女子的实力很强”和“（女队）要多得金牌”这二者之间的类同的，实际是强调整个后一个句子“我们女子的实力也很强，也要多得金牌”跟前面的句子“男队的实力很强，他们会得很多金牌”之间意思上具有类同性；具体说是分别用来强调：“我们女子的实力”跟“男队的实力”类同，“（女队）要多得金牌”跟“（男队）会得很多金牌”相类同。至于例（27）的“也不少，也不少”根本就不能看作复句，是一种叠用现象——“也不少”的叠用。总之，例（25）—例（27）里的前后用副词“也”的分句之间彼此不具有类同性，它们并不属于我们这里所说的前后两项都用“也”的并列复句。

① 关于周遍性主语句，参看陆俭明《周遍性主语句及其他》，《中国语文》1986年第3期。在由疑问代词形成的周遍性主语句中，必须或用副词“也”，或用副词“都”。例（25）的“什么团体也不参加，谁也管不着他的事”，也可以说成“什么团体都不参加，谁都管不着他的事”。

# 第十一讲
# 关于表重复的副词“又”“再”“还”

这一讲跟大家说说副词“又”“再”“还”在表示重复意义上的异同。“又”“再”“还”都分别能表示好几种语法意义，它们只是在表示重复这一点上构成一组同义词。

## 一、“重复”的不同含义

“又”“再”“还”都能表示重复，而且使用频率都比较高。但它们的语法意义和具体用法还是有一定的差异。要让外国学生学习、掌握好这三个表示重复的副词，一定要向学生讲解清楚它们的差异具体表现在哪里。下面就跟大家一起来梳理、辨析一下。

在进行具体分析、比较之前，有必要对“重复”的含义略做说明。重复可以有狭义和广义两种理解。

按狭义的理解，“重复”是指前后（中间有时间上的间隔）所进行或发生的行为动作（包括变化）及其所涉及的对象一样。例如：

（1）林萍那篇文章我昨晚已经看了一遍，今天早上我又看了一遍。

（2）你把这封信再看一遍。

（3）明天还吃面条，我可受不了了。

例（1）是说“看林萍那篇文章”这一行为动作重复进行；例（2）是说“看这封信”这一行为动作重复进行；例（3）是说“吃”的对

象“面条”一再重复。这种重复属于狭义的重复。

按广义的理解，重复除了狭义的重复外，还包括追加。例如：

（4）a. 他刚才吃了两个馒头，又吃了一大碗面。

b. 你明天送一筐萝卜来，再送一筐油菜来。

c. 我吃了一个馒头，还吃了一碗面条。

（5）a. 他吃了两个馒头，走时又拿了一个馒头。

b. 你可以买一些家具，再借一些家具。

c. 我吃了一个馒头，还带了一个馒头。

（6）a. 他刚才吃了两个馒头，又喝了一大碗粥。

b. 你吃吃那个沙拉，再尝尝那个西红柿汤。

c. 我吃了一个馒头，还喝了一杯咖啡。

例（4）—例（6）a句、b句、c句里的“又”“再”“还”都表示重复：例（4）前后进行的动作一样（都是“吃”），只是动作所支配的对象不同；例（5）前后进行的动作虽不同，但所支配的对象一样；例（6）前后具体进行的动作不同，所支配的对象也不同，但就“进食”这意义来说，可以认为一样。我们说例（4）—例（6）里的“又”“再”“还”都表示重复，取的就是“广义的重复”。这种广义的重复之中，都伴随有追加的意思。下面在具体讨论“又”“再”“还”的异同时，我们把重复与追加分开来谈。所以下面所说的“重复”实际是指“狭义的重复”，所说的“追加”包含在“广义的重复”之中。①

语言事实告诉我们，用来说过去的事情还是说未来的事情，将

① 学界有学者将“延续”义也归入重复。参看蒋琪、金立鑫《“再”与“还”重复义的比较研究》，《中国语文》1997年第3期。该文将延续义归入“重复”，举的例子如：“还早，你再坐一会儿。”“雨还在下。”我们所谈论的重复都不包括“延续”义。

会是影响表重复的副词“又”“再”“还”使用上存在差异的一个重要因素。因此，下面我们就先以“说过去的事情”和“说未来的事情”为线索，来辨析“又”“再”“还”在表示重复和追加上的异同。为了能让大家全面了解它们的异同，前人时贤已谈到的一些意见，这里将不避重复。①

## 二、用于说过去的事情时“又”“再”“还”的用法差异

所谓“过去的事情”，实际还可分两种情况：一种是实际已发生、出现的事实；另一种是并没有成为事实而只是一种虚拟假设的事情。例如：

（1）刚才我又看见你哥哥了。

（2）这种圆珠笔昨天我再买一支就好了。

例（1）里的“又”就是在陈述事实时用来表示重复。例（2）里的“再”就是在陈述“没有成为事实而只是一种虚拟假设的事情”时用来表示重复。下面就分这两种情况来谈。

（一）陈述已发生、出现的事实。用来陈述过去已发生、出现的事实时，“又”“再”“还”都能用，但有些区别：

“又”用在陈述过去的事实时，既能表示重复，也能表示追加。

---

① 请参看北京大学中文系 1955 级、1957 级语言班编《现代汉语虚词例释》，商务印书馆，1982 年；侯学超《现代汉语虚词词典》，北京大学出版社，1988 年；景士俊《现代汉语虚词》，内蒙古人民出版社，1980 年；刘月华等《实用现代汉语语法》，外语教学与研究出版社，1983 年；吕叔湘主编《现代汉语八百词》，商务印书馆，1981 年；马真、陆俭明《现代汉语虚词散论》（第三版），北京大学出版社，2017 年；曲阜师范大学本书编写组《现代汉语常用虚词词典》，浙江教育出版社，1987 年；王自强《现代汉语虚词用法小词典》，上海辞书出版社，1984 年。

表示重复的实例如：

（3）这种圆珠笔我觉得很好用，所以用完后我又买了一支。

（4）妈，那篇课文我刚才又背了一遍。

（5）那辆车她实在喜欢，临走前她又看了好半天。

表示追加的实例如：

（6）刚才我买了一支笔，又买了一个本儿。

（7）他今天很勤快，扫了地，又擦了桌子。

（8）下班后他去看望了张老师，而且又到超级市场买了些吃的，所以回家晚了。

“还”不能用在陈述过去的事实时来表示重复，上面所举的表示重复的例（3）—例（5）里的“又”都不能换用“还”，我们不能说：

（3′）*这种圆珠笔我觉得很好用，所以用完后我还买了一支。

（4′）*妈，那篇课文我刚才还背了一遍。

（5′）*那辆车她实在喜欢，临走前她还看了好半天。

“还”只能用在陈述过去的事实时表示追加，所以上面所举的表示追加的例（6）—例（8）里的“又”都能换用“还”。例如：

（6′）刚才我买了一支笔，还买了一个本儿。

（7′）他今天很勤快，扫了地，还擦了桌子。

（8′）下班后他去看望了张老师，而且还到超级市场买了些吃的，所以回家晚了。

“还”和“又”虽然都能用在陈述过去的事实时表示追加，但在使用上还有细微的差别：用“又”没什么条件限制；用“还”则有条件限制。什么条件限制？不妨先看实例：

（9）a. 刚才兰英去了百货大楼，又去了东风市场。

b. 刚才兰英去了百货大楼，还去了东风市场。

（10）a. 他去年去了英国，今年又去了法国。

b.* 他去年去了英国，今年还去了法国。

例（9）说的是同一时间段里的事，可以用“又”表示追加（a句），也可以用“还”表示追加（b句）。例（10）则说的是不同时间段里的两件事，可以用“又”表示追加（a句），但是不能用“还”来表示追加（b句）。

这说明，副词“又”既能用来说同一时间段里的追加之事，也能用来说不同时间段里的追加之事；而“还”则只能用来说同一时间段里的追加之事，不能用来说不同时间段里的追加之事。下面例（11）似乎跟例（10）差不了多少，能用“还”来表示追加。这为什么？

（11）他这两年老出国，去年去了英国，今年还去了法国。

其实例（11）改变了例（10）的语境，将原属两个时间段（去年和今年）发生的两件事，放在了“这两年”一个大的时间段里了，所以能用“还”来表示追加。当然，例（11）里的“还”也可以换用“又”，例如：

（11′）他这两年老出国，去年去了英国，今年又去了法国。

“再”不能用于陈述过去已发生、出现的事实，不管是表示重复还是表示追加。所以例（3）－例（8）里的“又”都不能换用“再”，我们不能说：

（3″）* 这种圆珠笔我觉得很好用，所以用完后我再买了一支。

（4″）* 妈，那篇课文我刚才再背了一遍。

（5″）* 那辆车她实在喜欢，临走前她再看了好半天。

（6″）* 刚才我买了一支笔，再买了一个本儿。

（7″）* 他今天很勤快，扫了地，再擦了桌子。

（8″）* 下班后他去看望了张老师，而且再到超级市场买了些吃的，所以回家晚了。

不过，有一个例外情况，当追加说明原因或理由时，虽然陈述的是过去的事情，“还由于……”“又由于……”和“再由于……”都能说。例如：

（12）a. 由于他自己平时的努力，还由于同志们的帮助，他在学习上取得了优异的成绩。

b. 由于他自己平时的努力，又由于同志们的帮助，他在学习上取得了优异的成绩。

c. 由于他自己平时的努力，再由于同志们的帮助，他在学习上取得了优异的成绩。

（二）说虚拟假设的事。用来陈述过去并没有成为事实而只是一种虚拟假设的事情时，主要用“再”来表示重复或追加，用“还”、用“又”都会受到一定的限制。

先看“再”。“再”既能用来表示重复，也能用来表示追加，不管是否跟能愿动词“能”共现。下面是表示重复的实例（a 句没有“能”，b 句有“能”）：

（13）a. 那天我要是再练一次就好了。

b. 那天我要是再能练一次就好了。

（14）a. 昨天如果我再看一遍就记住了。

b. 昨天如果我再能看一遍就记住了。

（15）a. 当初再听一遍就好了。

b. 当初再能听一遍就好了

下面是表示追加的实例（a 句没有“能”，b 句有“能”）：

（16）a. 那天我要是拍了护照像，再拍一张生活照就好了。

b. 那天我要是拍了护照像，再能拍一张生活照就好了。

（17）a. 昨天如果我们吃了饭再喝杯咖啡，就更好了。

b. 昨天如果我们吃了饭再能喝杯咖啡，就更好了。

（18）a. 当时你买了上衣，再配条裙子就好了。

b. 当时你买了上衣，再能配条裙子就好了。

再看“还”。用“还”则要受到限制。表示重复时，“还”要求有能愿动词“能”跟它共现。所以例（13′）一例（15′）b句能换用“还”，a句就不能换用“还”。请看：

（13′）a.* 那天我要是还练一次就好了。

b. 那天我要是还能练一次就好了。

（14′）a.* 昨天如果我还看一遍就记住了。

b. 昨天如果我还能看一遍就记住了。

（15′）a.* 当初还听一遍就好了。

b. 当初还能听一遍就好了

而且还得注意一点，与“能”共现时，“还”和“再”还有一些小小的区别，那就是用“再”时，其词序可以是“‘再’+‘能’……”，也可以是“‘能’+‘再’……”（后者更常用）；用“还”时，其词序只能是“‘还’+‘能’……”。试比较：

（19）a. 那天我要是能再练一次就好了。　［“能”在前］

b. 那天我要是再能练一次就好了。　［“能”在后］

（20）a. * 那天我要是能还练一次就好了。　［“能”在前］

b. 那天我要是还能练一次就好了。　［“能”在后］

陈述过去并没有成为事实而只是一种虚拟假设的事情时，“还”能用来表示追加，如上面所举的用“再”的例（16）一例（18）不管a句、b句都可以换用“还”，不过其词序也只能是“‘还’+‘能’……”。请看：

（16′）a. 那天我要是拍了护照像，还拍一张生活照就好了。

b. 那天我要是拍了护照像，还能拍一张生活照就好了。

（17′）a. 昨天如果我们吃了饭还喝杯咖啡，就更好了。

b. 昨天如果我们吃了饭还能喝杯咖啡，就更好了。

（18′）a. 当时你买了上衣，还配条裙子就好了。

b. 当时你买了上衣，还能配条裙子就好了。

但是这种句子的使用频率大大低于用“再”的句子。据调查，人们对例（16′）—例（18′）的接受程度远远低于例（16）—例（18）。①

最后看“又”。陈述过去并未成为事实而只是一种虚拟假设的事情时，“又”不能用于表示重复，像上面所举的表示重复的例（13）—例（15）a句里的“再”都不能换用“又”，不能说成：

（13″）a.* 那天我要是又练一次就好了。

（14″）a.* 昨天如果我又看一遍就记住了。

（15″）a.* 当初又听一遍就好了。

“又”能用于表示追加，但一定得跟“能”共现，所以例（16）—例（18）a句不能用“又”换说，b句则能用“又”换说，词序是“能”在后。请看：

（16″）a.* 那天我要是拍了护照像，又拍一张生活照就好了。

b. 那天我要是拍了护照像，又能拍一张生活照就好了。

（17″）a.* 昨天如果我们吃了饭又喝杯咖啡，就更好了。

b. 昨天如果我们吃了饭又能喝杯咖啡，就更好了。

（18″）a.* 当时你买了上衣，又配条裙子就好了。

b. 当时你买了上衣，又能配条裙子就好了。

上述表示重复的副词“又”“再”“还”用于说过去的事情时的异同，大致可以列如下表：

---

①1999年8月曾咨询过12位年龄不同、性别不同的北京人（知识界人士及其儿女），都说习惯用“再”，不怎么用“还”。

| | 陈述事实 | | 说虚拟假设的事 | |
|---|---|---|---|---|
| | 表示重复 | 表示追加 | 表示重复 | 表示追加 |
| 又 | + | + | – | –（一般情况）<br>+（与“能”共现） |
| 再 | – | –（一般情况）<br>+（～由于……） | + | + |
| 还 | – | +（有例外） | –（一般情况）<br>+（与“能”共现） | + |

最后，有一个现象值得一提，那就是在陈述没有成为事实而只是一种虚拟假设的事情时，不管是表示重复还是表示追加，凡与“能”共现的句子，所说的事情一定是理想或合意的事情。陈述非理想、不合意的事情不会跟“能”共现。试比较：

（21）a. 昨天中午如果我们吃了饭再能喝上一杯咖啡，就更好了。

b. 昨天中午如果我们吃了饭还能喝上一杯咖啡，就更好了。

c. 昨天中午如果我们吃了饭又能喝上一杯咖啡，就更好了。

（22）a.* 昨天中午如果我们吃了饭再能喝上一杯咖啡，就赶不上飞机了。

b.* 昨天中午如果我们吃了饭后还能喝上一杯咖啡，就赶不上飞机了。

c.* 昨天中午如果我们吃了饭又能喝上一杯咖啡，就赶不上飞机了。

例（21）假设的是理想、合意的事情，“再”“还”“又”能与“能”共现；例（22）假设的是非理想、不合意的事情，“再”“还”“又”就不能与“能”共现。

## 三、用于说未来的事情时“又”“再”“还”的用法差异

所谓“说未来的事情”也包含两种情况：一种是在说话人心目中并非仅仅是设想而是会成为事实的事，如例（1）；另一种是仅仅是一种假设的事，如例（2）：

（1）a. 明天他还会来看你。

b. 我明天再来看你。

（2）a. 如果他明天再来找你的麻烦，你给我打电话。

b. 如果他明天还来找你的麻烦，你给我打电话。

c. 如果他明天又来找你的麻烦，你给我打电话。

下面分别进行说明。

（一）表述非假设的事。为了叙述清楚，我们将表示重复跟表示追加分开来说。

1. 表示重复。用在表述非假设的事情时，最常见的是用“再”；也可以用“还”，但要受到限制；一般不能用“又”。试比较：

（3）a. 明天我再来看你。

b. 明天我还来看你。

c.* 明天我又来看你。

（4）a. 我希望你明年再考一次。

b. 我希望你明年还考一次。

c.* 希望你明年又考一次。

（5）a. 你们走吧，我再找找。

b. 你们走吧，我还想找找。

c.* 你们走吧，我又找找。

“还”和“再”虽都能表示重复，但在具体用法上还有些区别：

第一，首先要注意的是，用“再”可以表示两种重复：一种是“实在的重复”，即指重复已进行过的行为动作；另一种是“空缺的重复”，即指原先打算进行某行为动作，由于某种原因未能进行，而改到说话后的某个时间进行。例如：

（6）刚才我们看的《变脸》这个电影真好，我明天想再看一次。

（7）《变脸》这个电影今天看不上没关系，我们明天再看。

例（6）是说“看《变脸》这个电影”这一行为动作已进行过，但想在明天重复进行这一行为动作。这里的“再”所表示的重复就属于“实在的重复”。例（7）是说原定今天去看《变脸》这个电影，可是没有买到票，于是就改到明天看。这里的“再”所表示的重复就属于“空缺的重复”。“还”只能用于表示“实在的重复”，不能用于表示“空缺的重复”。所以例（6）里的“再”可以换用“还”，例（7）不能。请看：

（6′）刚才我们看的《变脸》这个电影真好，我明天还想看一次。

（7′）*《变脸》这个电影今天看不上没关系，我们明天还看。

第二，“还”和“再”即使都用于表示“实在的重复”，也还有区别。具体说，“还”常常要求与表意愿的动词（包括能愿动词和心理动词“想”）共现，“再”没有这种强烈的要求。上面所举的例（3）—例（5）里的 b 句虽然也能说，但是不如在“还”后加上一个表意愿的动词来得顺畅。请对比一下：

（3′）a. 明天我还来看你。

b. 明天我还会 / 还要来看你。

（4′）a. 我希望你明年还考一次。

b. 我希望你明年还能考一次。

（5′）a. 你们走吧，我还找找。

b. 你们走吧，我还想找找。

有时，如果没有表意愿的动词几乎就不成话。比较例（8）a 句和 b 句：

（8）a.？他明天还试试。

b. 他明天还要 / 还想试试。

“再”当然也可以与表意愿的动词共现，但是在词序上跟用“还”不一样。用“还”，“还”在前，意愿动词在后（“‘还’+‘要 / 想’……”）；用“再”，则“再”在后，意愿动词在前（“‘要 / 想’+‘再’……”）。请比较：

（9）a. 你们走吧，我还想找找。［意愿动词在后］

* 你们走吧，我想还找找。

b. 你们走吧，我想再找找。［意愿动词在前］

* 你们走吧，我再想找找。

（10）a. 他明天还要试试。［意愿动词在后］

* 他明天要还试试。

b. 他明天要再试试。［意愿动词在前］

* 他明天再要试试。

第三，在祈使句里，只能用“再”，不能用“还”。[①] 试比较：

（11）a. 你再听，楼上好像有响动。

b.* 你还听，楼上好像有响动。

（12）a. 你再去对他说，不能收红包！

b.* 你还去对他说，不能收红包！

第四，用“再”时可以跟数量成分共现；而“还”跟数量成分共现要受到限制，除非有意愿动词共现。例如：

① 参看蒋琪、金立鑫《“再”与“还”重复义的比较研究》，《中国语文》1997 年第 3 期。

（13）a. 那包子很好吃，我再吃两个。［表名量的数量词］

b.* 那包子很好吃，我还吃两个。［表名量的数量词］

c. 那包子很好吃，我还要吃两个。［表名量的数量词］

（14）a. 这电子游戏很好玩儿，我再玩儿一次。［表动量的数量词］

b.* 这电子游戏很好玩儿，我还玩儿一次。［表动量的数量词］

c. 这电子游戏很好玩儿，我还想玩儿一次。［表动量的数量词］

（15）a. 爸爸，我这儿朋友特别多，我再待两天。［表时量的数量词］

b.* 爸爸，我这儿朋友特别多，我还待两天。［表时量的数量词］

c. 爸爸，我这儿朋友特别多，我还想待两天。［表时量的数量词］

c 句跟意愿动词共现，所以能说；b 句不跟意愿动词共现，所以不能说。

上面说到，一般不能用“又”来表示重复，这意味着会有例外。例外有二：

一是在说到有规律性的重复情况时可以用“又”。[①] 这时句子往往含有在说话人看来时间过得太快或前后间隔的时间太短的意味。例如：

（16）明天值班又轮到我了。

① 这一看法是日本舆水優教授提出来的。参看舆水優《中国语常用语句例解（词语例解）》，东京外国语大学语学教育研究协议会，1981 年。

（17）明天又是星期六了。

（18）又快进入梅雨季节了。

注意：例（16）—例（18）倒反而不能用“再”或“还”。我们不能说：

（16′）a.* 明天值班再轮到我了。

b.* 明天值班还轮到我了。

（17′）a.* 明天再是星期六了。

b.* 明天还是星期六了。

（18′）a.* 再快进入梅雨季节了。

b.* 还快进入梅雨季节了。

二是在表示提醒对方或他人防止发生不如意事情时，可以用“又”（“又”放在“别”或“不要”的后面，主要动词之前）。例如：

（19）明天去姑姑家，你别又喝醉了。

（20）钥匙一定要保管好，别又丢了。

（21）明天你们去看足球赛，千万不要又惹是生非。

（22）明天5点起床，要赶头班车，你可别又睡过头。

例（19）—例（22）也可以用“再”，但不能用“还”。请看：

（19′）a. 明天去姑姑家，你别再喝醉了。

b.* 明天去姑姑家，你别还喝醉了。

（20′）a. 钥匙一定要保管好，别再丢了。

b.* 钥匙一定要保管好，别还丢了。

（21′）a. 明天你们去看足球赛，千万不要再惹是生非。

b.* 明天你们去看足球赛，千万不要还惹是生非。

（22′）a. 明天5点起床，要赶头班车，你可别再睡过头。

b.* 明天5点起床，要赶头班车，你可别还睡过头。

2. 表示追加。在表述非假设的追加时，最常见的也是用“再”。

例如：

（23）啊呀，忘了买盐了！你先回去吧，我再去买袋盐。

（24）包饺子算学会了，明天我再学一下做蛋糕的技术。

（25）我觉得王平说得不一定对，明天我们再去问问张东阳师傅。

“还”也能表示追加，上面所举的例（23）—例（25）里的“再”都能换用“还”，请看：

（23′）啊呀，光顾着买玩具了，忘了买盐了！你先回去吧，我还去买袋盐。

（24′）包饺子算学会了，明天我还学一下做蛋糕的技术。

（25′）我觉得王平说得不一定对，明天我们还去问问张东阳师傅。

不过，“还”和“再”在具体用法上还有些区别：

第一，用“还”的话，常常要求与表意愿的动词（包括能愿动词和心理动词“想”）共现，“再”没有这种强烈的要求。试比较：

（26）a. 啊呀，光顾着买玩具了，忘了买盐了！你先回去吧，我还去买袋盐。

b. 啊呀，光顾着买玩具了，忘了买盐了！你先回去吧，我还要去买袋盐。

（27）a. 包饺子算学会了，明天我还学一下做蛋糕的技术。

b. 包饺子算学会了，明天我还要 / 还想学一下做蛋糕的技术。

（28）a. 我觉得王平说得不一定对，明天我们还去问问张东阳师傅。

b. 我觉得王平说得不一定对，明天我们还要去问问张东阳师傅。

例（26）—例（28）的 a 句虽然也能说，但是不如 b 句来得顺畅。

以上说的是“再”和“还”，现在来看“又”。当表述非假设的追加时不用“又”，我们不说：

（29）*啊呀，光顾着买玩具了，忘了买盐了！你先回去吧，我又去买袋盐。

（30）*包饺子算学会了，明天我又学一下做蛋糕的技术。

（31）*我觉得王平说得不一定对，明天我们又去问问张东阳师傅。

（二）表述仅仅是假设的事。表述未来假设的事，“又”“再”“还”都能用，不管是表示重复还是表示追加，只是“再”的使用频率最高。

先说表示重复。下面是“再”表示重复的实例：

（32）如果他明天再来找你的麻烦，你给我打电话。

（33）如果明后天再吃面条，我就吃倒胃口了。

（34）要是明天再出现漏电现象怎么办呢？

上面例（32）—例（34）里的“再”都能换成“又”或“还”，请看：

（32′）a. 如果他明天又来找你的麻烦，你给我打电话。

b. 如果他明天还来找你的麻烦，你给我打电话。

（33′）a. 如果明后天又吃面条，我就吃倒胃口了。

b. 如果明后天还吃面条，我就吃倒胃口了。

（34′）a. 要是明天又出现漏电现象怎么办呢？

b. 要是明天还出现漏电现象怎么办呢？

虽然“又”“再”“还”都能在说未来假设的事情时表示重复，但它们三者在使用上也还有些区别。“再”用得最多，似乎没什么条件限制，而“又”和“还”在使用上都要受到一些限制。明显的是，“又”似乎只用于说不如意的事，例（32′）—例（34′）说的都是不如意的事。如果说如意的事不能用“又”。试比较：

（35）a. 如果明天再吃面条就好了。

b. 如果明天还吃面条就好了。

c.* 如果明天又吃面条就好了。

例（35）说的是如意的事情，“再”“还”都能用，“又”就不能用。

“还”的限制条件主要是它所修饰的动词性成分不能是一个带结果补语的“动结式”。像下面句子里的“再”和“又”就不能换用“还”:

（36）a. 他要是再病倒了就麻烦了。

b. 他要是又病倒了就麻烦了。

c.* 他要是还病倒了就麻烦了。

（37）a. 这件衣服要是再穿破了，你可别来找我。

b. 这件衣服要是又穿破了，你可别来找我。

c.* 这件衣服要是还穿破了，你可别来找我。

具有[+失去]语义特征的动词加上“了”，如“丢了”“掉了”“烧了”“坏了”等，大致相当于一个“动结式”①，所以前面也只能受“再”“又”的修饰，不能受“还”的修饰。请看：

（38）a. 这录像机要是再坏了，你就换一台吧。

b. 这录像机要是又坏了，你就换一台吧。

c.* 这录像机要是还坏了，你就换一台吧。

（39）a. 参加了房屋保险，房子如果再烧了，就由保险公司赔偿损失。

b. 参加了房屋保险，房子如果又烧了，就由保险公司赔偿损失。

① 参看马希文《关于动词“了”的弱化形式/·lou/》，见《中国语言学报》第一期，商务印书馆，1983年。

c.* 参加了房屋保险，房子如果还烧了，就由保险公司赔偿损失。

现在说表示追加。说未来假设的事情表示追加时，“再”“还”“又”都能用。请看：

（40）a. 喝了酒再抽烟就容易醉。

b. 喝了酒还抽烟就容易醉。

c. 喝了酒又抽烟就容易醉。

（41）a. 吃了螃蟹再吃柿子，那会拉肚子的。

b. 吃了螃蟹还吃柿子，那会拉肚子的。

c. 吃了螃蟹又吃柿子，那会拉肚子的。

不过它们在使用上也还有些差异。

第一，“又”好像也只用于说不如意的事，上面所举的例（40）、例（41）说的都是不如意的事，所以用“又”可以。再看下面的例句：

（42）a. 如果买了上衣再买一条裤子，可以享受八折优待。

b. 如果买了上衣还买一条裤子，可以享受八折优待。

c.* 如果买了上衣又买一条裤子，可以享受八折优待。

（43）a. 如果买了上衣再买一条裤子，钱可就不够了。

b. 如果买了上衣还买一条裤子，钱可就不够了。

c. 如果买了上衣又买一条裤子，钱可就不够了。

例（42）说的是如意的事，用“再”和“还”的句子能说，用“又”的句子就不能说；例（43）说的是不如意的情况，所以“又”“再”“还”都能用。当然，“再”的使用频率要高于“还”和“又”。

第二，“还”所修饰的动词性成分其主要成分也不能是个“动结式”。请看：

（44）a. 遇上了天灾再碰到人祸，那就真没有活路了。

b.* 遇上了天灾还碰到人祸，那就真没有活路了。

c. 遇上了天灾又碰到人祸，那就真没有活路了。

“碰到人祸”里的“碰到”是个“动结式”，a 句、c 句分别用“再”“又”，可以说；b 句用“还”，句子就站不住。

表重复的“又”“再”“还”用于说未来的事时的异同大致可列如下表：

| | 说非假设的事 | | 说假设的事 | |
|---|---|---|---|---|
| | 表示重复 | 表示追加 | 表示重复 | 表示追加 |
| 又 | –（有例外） | – | +（不如意的事）<br>–（如意的事） | +（不如意的事）<br>–（如意的事） |
| 再 | + | + | + | + |
| 还 | +（有限制） | +（有限制） | +（有限制） | +（有限制） |

从上可知，副词“又”“再”“还”在表重复上的异同，主要跟以下两方面的因素有关：

一是语用方面的因素，这主要表现在：是用于说过去的事还是用于说未来的事，是用于说事实还是用于假设（不管是过去的还是未来的），是用于说如意的事还是用于说不如意的事，是用于祈使句还是非祈使句，等等。

二是语法方面的因素，如：是否要求与表示意愿的动词（包括能愿动词和心理动词“想”）共现，能否与数量词语共现，所修饰的动词性词语其主要成分是否是带结果补语的“动结式”，等等。

正是通过上面多角度、多层面的比较，我们对副词“又”“再”“还”在表重复上的异同，可以有个比较全面、准确的认识与把握。

# 第十二讲 语气副词"并"和"又"以及"按说"

## 一、引言

这一讲跟大家讲讲三个语气副词，那就是"并"和"又"以及"按说"。我们所以将这三个副词放在一起讲，除了它们带有某种语气外，还鉴于目前辞书对它们的注释都不太全面，给外国学生造成某种误解，而导致出现使用上的偏误。

"并"和"又"是副词，可以表示多种语法意义，其中之一，表示加强否定语气，属于语气副词。例如：

（1）——你喝酒了？

——我并没有喝酒。

（2）——咱们给王老师买瓶酒吧。

——王老师又不喝酒。

一般词典或讲现代汉语虚词的专著都注意到它们的这个用法了。但是一般只是说："并"放在否定词前加强否定语气；"又"用在否定句或反问句里，加强否定语气。

应该说，这些说法不能说不对，因为：（1）语气副词"并"和"又"确实只能用在否定词的前边；（2）语气副词"并"和"又"

确实有加强否定语气的作用。但是，这些说法太简单，太笼统。对我们母语为汉语的中国人来说，可以凭自己从小积聚的丰富的汉语语感去用，不需要去问老师，也不需要去查阅语法书或工具书。但是，对于外国学生来说，这种说法就很容易对他们产生误导作用。外国学生原本不知道汉语里的语气副词“并”和“又”到底怎么用，看书上或词典上说这两个语气副词是起加强否定语气的作用，他们就以为：（1）作为语气副词，“并”和“又”的用法是一样的；（2）当需要加强否定语气时，就可以在否定词前边用“并”或“又”。而且他们往往就本能地按书上、词典上所说的去类推，去运用，结果就说出或写出了下面这样的病句：

（3）——你再吃一点儿。

——*我并不能再吃了。

（4）——佳佳，你就向芳子小姐赔个不是，事情不就解决了吗？

——*我并不向她赔不是！

（5）——玛莎跟日本同学佐田谈恋爱的事你也知道啦？

——*我又不知道哇。

（6）*你又别收她的钱！

（7）*这件事要保密，你又不能告诉任何人。

这些句子里的“并”和“又”都用得不合适。如果真要加强否定语气的话，都该改用别的词。如例（3）宜将“并”改为“确实”，例（4）里的“并”宜改为“偏”或“就”，例（5）里的“又”倒应该改为“并”，例（6）则宜将“又”改为“千万”，例（7）里的“又”宜改为“决”或“绝对”，例如：

（3′）——你再吃一点儿。

——我确实不能再吃了。

（4′）——佳佳，你就向芳子小姐赔个不是，事情不就解决了吗？

——我偏/就不向她赔不是！

（5′）——玛莎跟日本同学佐田谈恋爱的事你也知道啦？

——我并不知道哇。

（6′）你千万别收她的钱！

（7′）这件事要保密，你决/绝对不能告诉任何人。

这说明：第一，不是什么情况下都可以用“并”或“又”来加强否定语气；第二，“并”和“又”虽然都能起加强否定语气的作用，但二者又有区别。如例（5）“*我又不知道哇”要改为“我并不知道哇”。

那么为什么外国学生根据我们辞书的注释会在使用“并”和“又”时出现偏误呢？原因就在于目前辞书对语气副词“并”和“又”的释义只是注释了它们的基本语法意义，没有说明它们使用的语义背景。因此，要让外国学生知道在什么情况下可以用语气副词“并”，在什么情况下可以用语气副词“又”，我们必须根据大量的语料来考察、分析它们各自使用的语义背景。

## 二、关于语气副词“并”

语言事实告诉我们，不是随便什么时候都能用语气副词“并”来加强否定语气。在什么情况下可以用它来加强否定语气呢？请看下面的例子：

（1）她并没有灰心。

（2）我并不认识他！

（3）我以为他去上海了，谁知他并没有去上海。

例（1）、例（2）、例（3）都在什么场合说呢？当我们说“他并没有灰心”时，一定是有人说或有人认为“他已经灰心了”；同样，当我们说“我并不认识她”时，一定是有人认为我认识她；当我们说“谁知他并没有去上海”，那是因为自己原先以为“他去上海了”。

从上面的分析中我们可以体会到，只有当说话人为强调说明事实真相或实际情况而来否定或反驳某种看法（包括自己原先的想法）时，才用这个语气副词“并”。根据上面所说的，我们可以将语气副词“并”使用的语义背景概括如下：

**当说话人为强调说明事实真相或实际情况而来直接否定已有的某种看法或想法时才用它来加强否定语气。**

如果我们将语气副词“并”使用的语义背景融入它的语法意义之中，那么对语气副词“并”宜注释为：

**加强否定语气，强调说明事实不是对方所说的，或一般人所想的，或自己原先所认为的那样。**

前面“引言”里我们说例（3）和例（4）里的语气副词“并”使用得不当，就因为这些句子不存在语气副词“并”使用的语义背景，都不含有“为强调说明事实真相或实际情况而来否定或反驳某种看法”的意味。

## 三、关于语气副词“又”

语气副词“又”也确实有加强否定语气的作用。现在的问题是，在什么情况下可以用这个“又”来加强否定语气。我们不妨先看两个例子：

（1）小张：小王，明天我们去叶老师家，带一瓶茅台酒吧。

小王：叶老师又不喝白酒。

（2）玉萍：你带上一把伞吧。

俊峰：天气预报又没说今天要下雨。

例（1）、例（2）都用了“又”，而且用得都比较贴切。我们不妨先来具体分析、体会一下这两个例句。拿例（1）来说，小张提出给叶老师带一瓶茅台酒，小王不同意，但他不直接说“不要给叶老师带茅台酒”，而是采取“叶老师不喝白酒”这一事实来达到否定小张意见的目的。这里小王就用了“又”来加强这种否定语气。同样，例（2）玉萍叫俊峰“带上一把伞”，俊峰不想带，但他不直接说“我不带”，而是否定有下雨的可能性，以此来达到否定玉萍意见的目的。这里俊峰也用了“又”来加强这种否定语气。从这里，我们可以明显地看出，有时人们要否定某种事情、某种做法、某种说法或某种想法时，不采取直接否定的方式，而是通过强调不存在该事情、该做法、该说法或该想法的前提条件或起因来达到否定的目的。语气副词“又”就只能用在上面所说的语境中，来起加强否定语气的作用。

根据上面所说的，我们可以将这个语气副词“又”使用的语义背景概括如下：

**语气副词“又”只能用在直接否定前提条件或起因的句子里起加强否定语气的作用**。

同样，如果我们将语气副词“又”使用的语义背景融入它的语法意义中去，那么语气副词“又”宜注释为：

**加强否定语气，强调说明不存在（对方或人们所说的）某种事情、某种做法、某种说法或某种想法的前提条件或起因**。

前面“引言”里所举的例（5）—例（7），我们说其中的“又”都用得不合适，原因就在于这些句子都不是在否定前提条件，而是或直陈否定对方的意见，如例（5）；或直接表述自己的看法，如例（6）、例（7）；因此，都不具有语气副词“又”使用的语义背景。

在汉语教学中，如果我们既把语气副词“并”和“又”的基本作用——起“加强否定”语气的作用——告诉大家，又把它们出现的语义背景，或者说语境条件，告诉大家，我想外国学生就不容易出现使用语气副词“并”或“又”的偏误了。

## 四、关于副词“按说”

目前一般的辞书对副词“按说”，大体上都依照《现代汉语词典》的说法，将“按说”注释为“依照事实或情理来说”。这样的注释不能说不对，但显然没有交代“按说”使用的语义背景。我们中国人不会用错，因为有语感；外国学生却常常用错。例如：

（1）——今天会下雨吗?

——* 我敢肯定按说不会下雨。

例（1）“按说”，显然用得不恰当，但外国学生是依照词典的注释来用的。

事实上，并不是要表示“依照事实或情理来说”的意思时都能用“按说”。使用“按说”是有条件的，那就是一定有所隐含。这可分两种情况来说：

其一，用于一般的陈述句，隐含着“没有把握”的意思。如果用于说未来发生的事情，则一定隐含着“实际会是怎么样现在没有把握”这样的意思。例如：

（2）——你说他会来吗?

——今天他不上班，按说他会来的。

［隐含的意思是：“他”是不是会来，没有把握。］

（3）——都快到“大雪”节气了，还没见一片雪花儿，今年还会下雪吗?

——按说“大雪”前后会下雪。

［隐含的意思是：“大雪”前后是不是会下雪，没有把握。］

如果用于说已经发生了的事情，而说话人并不知道实情，句子也明显地隐含有“没有把握”的意思。请看：

（4）——大哥早已回上海的家了吧？怎么不来个电话？

——是啊，按说他已经在上海家里了。

［隐含的意思是：大哥是否已经在上海家里，没有把握。］

（5）——听说林舒已经出院了，我想去看看她，不知她今天在不在家。

——她刚出院不久，按说会在家，不过她是一个爱动的人，你先打个电话问问。

［隐含的意思是：林舒现在是否在家，没有把握。］

其二，用于包含“应该/不应该”“能/不能”一类能愿动词的句子，表示在说话人看来，现在的做法或决定不是很合适，因而往往含有委婉的责怪或遗憾的意味。例如：

（6）这件事按说你不该告诉奶奶。［含有委婉责怪之意］

（7）按说我们可以准备得更充分一些。［含有遗憾之意］

（8）按说我们能帮他们渡过这个难关，可决定权不在我呀。

［含有遗憾之意］

“一定有所隐含”，这就是“按说”使用的语义背景。具体说，使用“按说”或含有“没有把握”的语气，或含有“遗憾”“委婉责怪”的语气。外国学生之所以常常用错，就是因为不了解“按说”使用的语义背景。前面所举的例（1）偏误句，毛病就出在这里——既然说了“我敢肯定”，那就不隐含“没有把握”的意思了，所以“按说”用得不恰当。

# 第十三讲 表提醒的副词“别”和句末语气词“好了”

这里说的“别”是指“别噎了”“别呛了”里的“别”，这当然是个副词；这里说的“好了”是指“没有馒头吃面条好了”“这梳子你想要你拿去好了”里的“好了”，是个句末语气词。毫无关联的两个虚词，为什么将它们放在一起讲呢？原来，这个“别”也好，这个“好了”也好，以往的辞书都没有收录注释，而它们在口语中很常用，外国学生需要了解它们各自的意思和用法，所以放在一起讲。

## 一、关于副词“别”

引起我对“别”这个副词注意，那是在1984年3月的一天。那天吃早饭，有牛奶、面包、煮鸡蛋什么的，我们孩子急着要上学，吃得很快，他爸爸就提醒他说：

（1）吃慢点儿，别噎了！

听到这个话，我忽然想：这里面的“别”表示什么意思？我就去翻阅《现代汉语词典》[1]，在“别”字头下只有这样的义项：

---

① 中国社会科学院语言研究所词典编辑室编《现代汉语词典》（第2版），商务印书馆，1983年。

❶表示禁止或劝阻，跟“不要”的意思相同。❷表示揣测，通常跟“是”字合用（所揣测的事情，往往是自己所不愿意的）。

例（1）里的“别”显然不会是辞书上所说的“表示禁止或劝阻”，更不会是“表示揣测”。那表示什么意思？我又去查阅专门注释现代汉语虚词的《现代汉语虚词例释》①，那书上对“别”的注释跟《现代汉语词典》相类似。当时我就将这个情况记在我的笔记本上。正巧，1985年我应邀去日本东京外国语大学亚非语言研究所作为客座教授在那里研究、访问一年。在此期间，有一位教中国语的日本教授问了我这样一个问题：

为什么“别”修饰有的动词时，可以有带“了”、不带“了”两种格式，如“别吃了！”“别吃！”和“别去了！”“别去！”等；而修饰有的动词时，却只有带“了”这一种格式，如“小心，别呛了！”，却没有不带“了”的那种格式，如不说“* 小心，别呛！”？这个问题，我曾问过好几位在日本教中国语的中国老师，他们都说“这是一种习惯”。他们的回答等于没有回答。你们中国人有这个习惯，我没有这个习惯，我的学生更没有这样的习惯，那么我们该怎么学习、掌握好这个“别”的用法呢？

日本朋友提出的这个问题非常有意思。面对这样的问题我们该怎么办？

这里我要提醒大家，某个问题不管是自己发现的还是别人提出来的，都不能只是就提出的那个具体的例子来思考，不能就事论事，而是要从书刊报纸搜集实例，同时开动“机器”在自己头脑里思索、寻找相关的语言事实。因为像上面提到的例子，在真实文本里不一

① 北京大学中文系1955级、1957级语言班编《现代汉语虚词例释》，商务印书馆，1982年。

定能找到很多实例，而我们的脑袋可以说是一个天然的语料库。在此基础上，细细考虑、寻求所要的答案。请看下面 A 和 B 两组例子：

（2）甲 乙

| | 甲 | 乙 |
|---|---|---|
| A. | 别吃了 | 别吃 |
| | 别去了 | 别去 |
| | 别写了 | 别写 |
| | 别看了 | 别看 |
| | 别喝了 | 别喝 |
| | 别参观了 | 别参观 |
| | 别讨论了 | 别讨论 |
| | …… | |
| | ［A 的实例很多很多］ | |
| B. | 别掉了 | * 别掉 |
| | 别丢（= 丢失）了 | * 别丢 |
| | 别忘了 | * 别忘 |
| | 别烫了 | * 别烫 |
| | 别噎了 | * 别噎 |
| | 别呛了 | * 别呛 |
| | 别裂了 | * 别裂 |
| | 别皴了 | * 别皴 |
| | 别病了 | * 别病 |
| | （鸡蛋）别挤破了 | *（鸡蛋）别挤破 |
| | …… | |
| | ［B 的实例很有限］ | |

实例多了，也就容易看出一些道道儿来了。

第一，作为否定副词的“别”，实际上可以表示两个意思：

**一是表示禁止或劝阻**。上面所举的例（2）的A组例子，如“你别去了！”“你别去。”等。

**二是提醒听话人，注意防止发生不如意的事情**。如上面所举的例（2）的B组例子，即：

（3）你别噎了。

你别呛了。

鸡蛋别挤破了。

例（3）里的“噎了”“呛了”“挤破了”等，都是不希望发生的不如意的事情，用“别”就是提醒对方注意防止这类不如意的情况发生。[①] 以往辞书编撰者都把“别”的第二个意义给漏了，希望日后各现代汉语辞书能补上这一义项。

第二，造成上面A、B两种情况的原因是：

首先，跟“别”所表示的语法意义有关。我们看到，当“别”表示第一种意思时，可以有带“了”不带“了”两种说法。当然，这两种说法在意思表达上是有区别的。带“了”，是对方已经在进行某种行为动作，或计划中要进行某种行为动作，说话人劝对方中止这种行为动作。前者如“你不要吃了”，就是叫对方中止吃某种东西的行为动作；后者如“今天我们别看电影了”，就是劝对方中止原先准备“看电影”那个计划。而不带“了”是劝对方不要进行某种行为动作。当“别”表示第二种意思时，一般只有带“了”的说法，没有不带“了”的说法。

其次，跟“别”所修饰的动词的不同类别有关。大家都知道，动词有“自主动词”（亦称“可控动词”）和“非自主动词”（亦称“非

① 《商务馆学汉语词典》（鲁健骥、吕文华主编，商务印书馆，2006年）将“别把衣服弄脏了。”这一句子作为“表示禁止或劝阻”的实例，似不妥。

可控动词”）之分。从动词看，A 组里的动词都属于自主动词；B 组里的动词都属于非自主动词。也就是说，当“别”修饰自主动词时，表示禁止或劝阻，可以有带“了”和不带“了”两种情况；当“别”修饰非自主动词时，表示提醒听话人，注意防止发生某种不如意的事情，只有带“了”一种情况。

上面我们说，当“别”表示第二种意思时，一般只有带“了”的说法。之所以说“一般”，因为有例外情况。那例外情况就是“写错”。“写错”也是属于不希望发生的事情或情况，那为什么既可以说“别写错了”，也可以说“别写错”呢？原因就在于“写”属于自主动词，写错与否在一定程度上是可以控制的。

## 二、关于句末语气词“好了”

“好了”是现代汉语里用在句末表示语气的一个词，例如：

（1）——师傅，没米饭了。

——没米饭吃面条好了。

（2）既然他不愿意带我们去，我们自己去好了。

（3）——这水能喝吗？

——你喝好了，准保没事儿。

这个词以往的工具书都未收录。它到底表示什么语法意义？表示什么语气？怎么把握住这个词所表示的语法意义、所表示的语气？经反复考虑，我们决计采用将包含“好了”的句子和不包含“好了”的句子加以对比的方法。例如：

（4）a. 没米饭吃面条好了。

b. 没米饭吃面条。

（5）a. 我们自己去好了。

b. 我们自己去。

（6）a. 你喝好了。

b. 你喝。

（7）a. 你吃好了，不会中毒。

b. 你吃，不会中毒。

通过比较不难发现，句末不用“好了”，只是直白说出说话人的意见与看法；句末用了“好了”，句子明显地含有“不介意，不在乎，尽管放心”这样一种语法意义。

《现代汉语词典》从第6版起收录了此词条。词典将该词的语法意义分为以下两个义项：

❶ 助 用在句末，表示安抚对方的语气：没问题，你放心好了 | 有问题你尽管提好了。❷ 助 用在句末，表示听凭，不在乎：他一定要去，就让他去好了 | 让他告去好了，我不怕！

其实，没必要分这两个义项。句末语气词“好了”最本质的语法意义还是“不介意，不在乎，尽管放心”。而此语法意义中也包含着“安抚”的意味。

# 第十四讲
# 正确了解“净”“除了”和“否则”的语法意义

我们之所以将这三个副词放在一起讲，是因为目前辞书对它们的注释都不是很正确。

## 一、副词“净”

副词“净”，《现代汉语八百词》[①]（下面简称《八百词》）注释了三个义项，照录如下（序号用原书的）：

1. 光；只。净＋动词短语。

~顾着说话，忘了时间了|前排票已经卖完，~剩下后排得了|不能~听你一个人的，还要听听别人的意见。

2. 总是；老是。净＋动词短语。

这些日子~刮大风没个好天|你太粗心，~写错字|他这个人呀，~爱开玩笑|气管炎犯了，晚上~咳嗽。

3. 全；都。

书架上~是科技书刊|这一带~是稻田|他说的，~是废话。

① 吕叔湘主编《现代汉语八百词》，商务印书馆，1980年第1版，1999年增订版。

一般将表示义项1和义项3的“净”都归入范围副词，分别将表示“光；只”义的“净”看作表示限制的范围副词，将表示“全；都”义的“净”看作表示总括的范围副词；而将表示义项2“总是；老是”的“净”归入时间副词。

这里我们只想对范围副词“净”，谈一些不同看法。

《八百词》在汉语学界、在汉语教学界影响很大。许多汉语老师根据《八百词》对副词“净”的注释，就认为“净”有时相当于“只”，有时相当于“都”。例如：

（1）净顾着说话，忘了时间了。

（2）书架上净是科技书刊。

这一带净是稻田。

例（1）的“净”换成“只”，基本意思不变；例（2）的“净”换成“都”，基本意思不变。即：

（1′）只顾着说话，忘了时间了。

（2′）书架上都是科技书刊。

这一带都是稻田。

问题是副词“净”真的既相当于“只”又相当于“都”吗？我们不妨分析比较一下下面四句话中用“只”、用“都”、用“净”的情况：

| | 只 | 净 | 都 |
|---|---|---|---|
| （3）～学生就有一万人 | + | − | − |
| （4）我们～不进去 | − | − | + |
| （5）他们～吃馒头 | + | + | + |
| （6）他们～吃了一个馒头 | + | − | + |

例（3）是要限制在某个范围内来计算数量，所以只能用表示限制的范围副词“只”，当然不能用表示总括的“都”，但也不能

用“净”，可见“净”并不等于“只”。例（4）只有总括义，所以只能用“都”，不能用“只”，但也不能用“净”，可见“净”也不等于“都”。例（5）既能用“只”，又能用“都”，也能用“净”，但意思上有明显的区别：用“只”，表示限制，限制所吃东西的范围——所吃的只是馒头；用“都”，表示总括，总括动作行为的主体“他们”；用“净”，则表示所吃东西很单一，只属馒头这一类，即强调“事物具有单一性”。“净”的这一意义，在例（6）中表现得更清楚——“馒头”前有数量词，就不可能表示事物的类别了，而“净”强调“事物具有单一性”，所以例（6）不能用“净”，这是显而易见的。例（6）可以用“只”，但句子有歧义，既可以表示“他们”没吃什么东西，只吃了个馒头；也可以表示“他们”馒头吃得不多，仅仅吃了一个。不管表示哪种意思，“只”都表示限制——按前一个意思理解，“只”用来限制所吃的东西的范围，句子重音在“馒头”上；按后一个意思理解，“只”用来限制馒头的数量，句子重音在数词“一”上。例（6）可以用“都”，跟例（5）一样，总括动作行为的主体“他们”。

通过上述比较，我们可以了解到这三个副词的差异：“只”表示限制；“都”表示总括；“净”强调“单一性”。为了进一步说明这三者的区别，请再比较分析下面的例句：

| | 只 | 净 | 都 |
|---|---|---|---|
| （7）a. 这个箱子里～是书。 | + | + | + |
| b. 这个箱子里～有书。 | + | − | − |
| （8）a. 这些箱子里～是书。 | + | + | + |
| b. 这些箱子里～有书。 | + | − | + |

例（7）、例（8）中的句子都是存在句。例（7）的主语是单数，例（8）的主语是复数。需要注意的是，这两个例子的 a 句是用“是”

的存在句；b句是用“有”的存在句。用“是”的存在句，有排他性，排斥书以外的事物的存在，即除了书没有别的；用“有”的存在句，无排他性，不排斥书以外的事物的存在，即除了书还可能有别的事物。“是”字句的排他性和“净”强调单一性显然是相一致的，所以“净”能用于例（7）a句和例（8）a句，成为：

（9）这个箱子里净是书。

（10）这些箱子里净是书。

“有”字句不具有排他性，所以强调单一性的“净”不能用于例（7）b句和例（8）b句。即不说：

（11）*这个箱子里净有书。

（12）*这些箱子里净有书。

而“只”一般只表示限制，限制事物的范围，所以例（7）、例（8）的a、b每个句子都可以用“只”。请看：

（13）a. 这个箱子里只是书。

b. 这个箱子里只有书。

（14）a. 这些箱子里只是书。

b. 这些箱子里只有书。

“都”表示总括，总括前面的主语成分。例（7）里的a句，即“是”字存在句，其主语“这个箱子里”，实际意思是“这个箱子里的东西”，用“都”是来总括“这个箱子里的每一件东西”的。例（7）里的b句，即“有”字存在句，其主语“这个箱子里”，不能理解为“这个箱子里的每一件东西”，只能理解为“这个箱子的空间”，既然只有一个箱子的空间，所以不能用表示总括的“都”。至于例（8）不管是a句还是b句，因为其主语“这些箱子里”，不管所指如何理解，都是一个集合——a句“是”字句其主语可理解为“这些箱子里的每一件东西”，b句“有”字句其主语表示空间的集合，所以都可以用表示总括的副词“都”。

根据上面的分析，例（7）、例（8）更清楚地显示了副词“净”既不同于“只”，也不同于“都”，它自身具有特殊的意义，那就是表示单纯而没有别的，强调单一性，即属于同一类。

正因为“净”强调单一性，所以有时它会让人感到含有限制的意思，可以用“只”替换；也正因为“净”强调单一性，即事物在种类上属于同类，这意味着事物总是多数，这样又会让人感到它好像有总括的意思，所以有时可以用“都”来替换。这样就给人一个错觉，似乎“净”既可以看作表示限制的范围副词，也可以看作是表示总括的范围副词。事实上，就语法意义而言，“净”既不同于“只”，也不同于“都”。请比较下面三个句子：

（15）a. 这些箱子里只是书。

b. 这些箱子里都是书。

c. 这些箱子里净是书。

例（15）a 句用“只”，意在限制，强调所存在的事物限制在书籍；b 句用“都”意在总括，强调每个箱子里的东西都是书；而 c 句用“净”意在强调单一性，强调这些箱子里除了书，没有别的东西。

从上面这个例子也可以了解到，要分辨清楚各个同义或近义虚词的语法意义，最好的办法是运用比较的方法。

## 二、介词“除了”

《现代汉语虚词词典》[①] 对介词“除了”做这样的注释：

1. 表示排除。论断适用于保留部分，不适用于排除部分。后面

① 侯学超《现代汉语虚词词典》，北京大学出版社，1998 年。

常有“全、都”等副词：除了星期三，他天天有课|除了爸爸，全家都吃辣|……

2. 表示补充。在已有部分外，增加补充其他部分。后面常有“还、也、更”：除了写诗，还学英文、法文|除了英语，物理也考了90分|……

3. 表示选择。每天早餐，除了大饼就是油条|中央台的15频道，除了戏曲就是音乐|……

第一个义项，表示排除，这是大家公认的，无可非议。第二、第三两个义项，即“除了”表示补充，表示选择，就很值得商榷了。

我们承认，在这两个义项下所举的例句就全句意思来说，分别含有“补充”、含有“选择”的意思。但问题是，这“补充”“选择”的语法意义是不是由介词“除了”表示的。

如果不细细考虑，只是简单地依据“假如抽掉‘除了’，句子站不住，就不能表示‘补充’‘选择’的意思”这一点来定“除了”的语法意义，好像那工具书的说法不无道理。请看：

（1）a. 除了写诗，还学英文、法文。［表示补充］

b.* 写诗，还学英文、法文。

（2）a. 除了英语，物理也考了90分。［表示补充］

b.* 英语，物理也考了90分。

（3）a. 每天早餐，除了大饼就是油条。［表示选择］

b.* 每天早餐，大饼就是油条。

（4）a. 中央台的15频道，除了戏曲就是音乐。［表示选择］

b.* 中央台的15频道，戏曲就是音乐。

但是，我们也须注意这样一点，第二个义项下的例子，如果将跟“除了”呼应的“还”“也”或“更”删去，句子同样站不住，不能表示“补充”的意思；而第三个义项下的例子，如果将跟“除了”呼应的“就是”删去，句子同样站不住，就不能表示“选择”的意思。

请看：

（1′）a. 除了写诗，还学英文、法文。 ［表示补充］

b.* 除了写诗，学英文、法文。

（2′）a. 除了英语，物理也考了 90 分。 ［表示补充］

b.* 除了英语，物理考了 90 分。

（3′）a. 每天早餐，除了大饼就是油条。 ［表示选择］

b.* 每天早餐，除了大饼油条。

（4′）a. 中央台的 15 频道，除了戏曲就是音乐。 ［表示选择］

b.* 中央台的 15 频道，除了戏曲音乐。

事实上，那“补充”的意思是由“除了……还 / 也 / 更……”这种句法格式所表示的；同样，那“选择”的意思是由“除了……就是……”这种句法格式所表示的。

这里我们不妨举个旁证。现代汉语中，“不是……就是……”也表示选择。例如：

（5）每天早餐，不是大饼就是油条。 ［表示选择］

（6）中央台的 15 频道，不是戏曲就是音乐。 ［表示选择］

我看谁也不会认为那“选择”的意思是由句中的“不是”表示的。事实上，那“选择”的意思是由“不是……就是……”这整个句法格式表示的。

因此，无论是“除了……还 / 也 / 更……”还是“除了……就是……”，其中的“除了”仍然只表示排除在外。

这里想顺带对例（3）、例（4）的“除了……就是……”这一格式所表示的语法意义再说些意见。《现代汉语八百词》认为，“除了……就是……”“表示二者必居其一”。这个看法我们认为不够确切，还可商榷。事实上“除了……就是……”主要不是强调“二者必居其一”，而是强调“不在这二者之外”。例（5）、例（6）

的“不是……就是……”这一格式才是“表示二者必居其一”。而这也正是“除了……就是……”和“不是……就是……”这两个句法格式在表达上的不同之处。

## 三、连词“否则”

连词“否则”的作用在于对上文的意思直接做假设性的否定，接着引出根据这假设性否定所推出的结果，由此来反衬、强调上文的意思。“否则”引出的分句可以用陈述句式，也可以用反问句式。例如：

（1）对错误不能迁就，更不能隐瞒，否则以后会犯大错误的。

（2）他是从不失约的，看来一定是出现了什么新的情况，否则他怎么会不按时来呢？

不少辞书将“否则”释义为：

如果不是这样。（《现代汉语词典》[①]）

如果不这样。（《新华字典》[②]；《新华词典》[③]）

这样注释似乎没什么不可以。譬如，按那些辞书的释义，例（1）“否则……”这一分句的意思是：“如果对错误迁就，甚至隐瞒，以后会犯大错误。”例（2）“否则……”这一分句的意思是：“如果不是出现了什么新情况，他怎么会不按时来呢？”

但是，事实上“否则”并不真是“如果不（是）这样”的意思。只要比较一下二者的用法，差异就看出来了。

---

① 中国社会科学院语言研究所词典编辑室编《现代汉语词典》（第6版），商务印书馆，2012年。

②《新华字典》（第11版），商务印书馆，2011年。

③ 商务印书馆辞书研究中心修订《新华词典》（2001年修订版），商务印书馆，2001年。

用“如果不是这样”，它后面还可以出现一个与之平行的意思上跟它一致的假设分句，例如：

（3）领导班子内部必须搞好团结，如果不这样，如果领导班子内部闹不团结，工作肯定搞不好。

（4）学外语，一定要多听多说多读多写，如果不是这样，如果只是上上课，是学不好外语的。

“否则”则没有这种用法。例（3）、例（4）就不能用“否则”来替代“如果不（是）这样”，即不能说成：

（3′）*领导班子内部必须搞好团结，否则如果领导班子内部闹不团结，工作肯定搞不好。

（4′）*学外语，一定要多听多说多读多写，否则如果只是上上课，是学不好外语的。

这跟“否则”最初的意思有关。“否则”最初相当于“如果不……就……”的意思，所以不允许后面出现与之平行意思跟它一致的假设分句。许多人不了解这一点，把“否则”跟“如果不是这样”完全等同起来，这就出现了使用“否则”的偏误句或病句。例如：

（5）*明天我们要早点儿去，否则去晚了，就找不到座位了。

（6）*凡事要三思而行，否则贸然行事，往往会好心办坏事。

（7）*厂领导一定要深入生产第一线，否则只是坐在办公室里听汇报、发号令，肯定指挥不好生产。

例（5）“否则”就是指“如果我们不早点儿去”，后面就不能接上“去晚了”那一句了。例（5）应将“去晚了”删去，或者将“否则”改为“如果”，说成例（5′）：

（5′）a. 明天我们要早点去，如果去晚了，就找不到座位了。

b. 明天我们要早点去，否则就找不到座位了。

例（6）、例（7）也可以按此思路分析，分别修改为：

（6′）a. 凡事要三思而行，如果贸然行事，往往会好心办坏事。

b. 凡事要三思而行，否则往往会好心办坏事。

（7′）a. 厂领导一定要深入生产第一线，如果只是坐在办公室里听汇报、发号令，肯定指挥不好生产。

b. 厂领导一定要深入生产第一线，否则肯定指挥不好生产。

使用“否则”还要注意一点，那就是“否则”前后的分句在意思上不能构成一个推论关系。例如：

（8）你一定得去，否则他会生气的。

“你一定得去”和“他会生气的”不存在推论关系，所以前后可用“否则”连接。下面使用“否则”的句子就不符合这个要求：

（9）* 关键是要转变经营机制，旧的经营机制不转变，旧的管理体制不改革，否则国营企业就不能适应整个国家经济发展的需要。

（10）* 国家为我们准备了那么好的学习条件，我们再不学好，否则就对不起国家和人民。

（11）* 小陈埋怨地说：“应该昨天就把水泥、沙子这些料备齐，否则今天一上班就可以拌料施工了。”

例（9）“否则”前后的分句存在着明显的推论关系（如果旧的经营机制不转变，旧的管理体制不改革，那么国营企业就不能适应整个国家经济发展的需要），所以这个“否则”应删去；如果要保留这个“否则”，就得将“否则”前面的两个分句改为肯定句“一定要转变旧的经营机制，改革旧的管理体制”，整个句子得说成：

（9′）关键是要转变经营机制，一定要转变经营机制，一定要改革旧的管理体制，否则国营企业就不能适应整个国家经济发展的需要。

例（10）也是或删去“否则”，或将“我们再不学好”改为“我们一定得学好”。例（11）“否则”前后分句之间也是假设推论关系，应将“否则”改为“这样”。这两个句子得分别修改为：

（10′）a. 国家为我们准备了那么好的学习条件，我们再不学好，就对不起国家和人民。

b. 国家为我们准备了那么好的学习条件，我们一定得学好，否则就对不起国家和人民。

（11′）小陈埋怨地说：“应该昨天就把水泥、沙子这些料备齐，这样今天一上班就可以拌料施工了。”

上面所引的辞书对“否则”的释义，都没有将“否则”里的词素“则”的意思注释出来。我们可喜地看到，《商务馆学汉语词典》[①] 已经将“否则”正确地注释为：

用在复句的后一分句，表示“如果不这样，那么就”的意思。



① 鲁健骥、吕文华主编《商务馆学汉语词典》，商务印书馆，2006年。

# 第十五讲
# 介词“把”和“被”

讲虚词，不能不讲到介词“把”和“被”。现代汉语里的介词大都是由古代汉语里的动词虚化来的。介词的语法特点是，不能单说，也不能单独充任主语或谓语，它后面必须跟上一个别的成分（大多是名词性成分），组成介宾词组，一般叫“介词结构”，如“把书还给他”“她从天津来”里的“把书”“从天津”。介词结构本身也不能单说或单独做谓语，例如我们不能说“* 我把书”“* 我从天津”“* 他对于学生”。

有介词“把”或“被”为标记的句子，一般分别称为“把”字句、“被”字句。这一讲就跟大家讲讲现代汉语里的介词“把”和“被”以及由它们所形成的特殊句式。

## 一、学界对介词“把”和“把”字句的共识

学界对介词“把”和“把”字句的共识，大致可归纳为以下几点：①

① 参看田靓《汉语作为外语 / 第二语言教学的“把”字句研究》，北京大学博士学位论文，2012 年；陆俭明《从语言信息结构视角重新认识“把”字句》，《语言教学与研究》2016 年第 1 期。

（一）介词“把”是从表示“握；持；拿”的动词“把”虚化而来的。[①]

（二）由介词“把”所形成的“把”字句，基本格式可分别表示为：

**X 把 Y 怎么样（了）**

**甲把乙怎么样（了）**

**名词语$_1$+ 把 + 名词语$_2$+ 动词性词语**

（三）“把”字句表示的语法意义主要可细分为以下四种：

1. 表示处置义。例如：

（1）黄宏欣把词典放在书架上了。

（2）小刘随手把鱼扔进了框里。

（3）姐姐把衣服洗干净了。

（4）一会儿妈妈就把午饭准备好了。

例（1）、例（2）表示“事物位移处置义”，如例（1）“词典”由某处位移至“书架上”；例（3）、例（4）表示“事物性质变化处置义”，如例（3）“衣服”由脏变为干净。

2. 表示致使义。例如：

（5）孩子把爷爷哭醒了。

（6）那一大盆衣服把我洗得累死了。

例（5）是说“孩子哭”使“爷爷”醒了，例（6）是说“洗一大盆衣服”使“我”累得要命。

3. 表示认同义。例如：

（7）他把韭菜当作小麦了。

（8）李奶奶把小红当作她孙女了。

---

① 如“左手把其袖”（《战国策·燕策》）、“明月几时有？把酒问青天。”（苏轼《水调歌头》）里的“把”就是动词，表示“握”“拿”的意思。参看王力《王力文集》第一卷《中国语法理论》，第二章第十二节“处置式”，山东教育出版社，1984 年。

4. 表示不如意的意思。例如：

（9）糟糕，我把预订蛋糕这事儿给忘了。

（10）我把车钥匙落办公室了！

（四）关于“把”字句的主语（即 X/ 甲 / 名词语 $_1$）——如果句子表示“处置”义，主语通常是谓语动词所表示的行为动作的施事，常见的是由指人的名词语充任；如果句子表示“致使”义，主语所指可以是人，也可以是物，也可以是事件。如果句子表示“认同”义，主语通常由指人的名词语充任。如果表示“不如意”义，主语也通常由指人的名词语充任。

（五）关于介词“把”的宾语（即 Y/ 乙 / 名词语 $_2$）——如果句子表示“处置”义、“认同”义、“不如意”义，“把”的宾语通常是谓语动词的受事，而且一般要求是有定的、已知的；如果句子表示“致使”义，“把”的宾语也可以不限于受事。

（六）关于“怎么样”部分，也就是“动词性词语”部分——要求是复杂的，最常见的是一个动补结构，而动词有一定限制，特别是不能是不及物动词。

（七）句子中如果要用到助动词（即能愿动词）或否定词，不能直接放在动词头上，得放在“把”字前边。

以上可以说是汉语语法学界与汉语教学界的共识，虽然内中也还会有些分歧意见，譬如，“把”字句表示的语法意义到底统归为“表示处置”？还是统归为“表示致使”？还是统归为“表示过程”？还是兼表？

## 二、“把”字句教学中需要探究的问题

“把”字句在现代汉语中是一种很重要的句式。在汉语教学中，

“把”字句一直是一个比较受重视的句式。学界对“把”字句虽研究得很多，且有一定共识，但还是有不少问题需要我们去进一步思考、探究，以有助于汉语教学。

（一）教学实践告诉我们，外国学生在做“把”字句的造句练习时，一般都能造出符合老师所讲的有关“把”字句的语法规则的“把”字句来；但是在实际说话、写作中，老是用不好“把”字句。普遍的毛病是，不该用“把”字句的地方用上了“把”字句，而该用“把”字句的地方却又没有用。我曾经在《在汉语教学中要重视词语使用的语义背景》[1]一文中举过这样两个留学生的很典型的跟“把”字句相关的偏误句：

（1）* 洪水是退了，但是眼前是一片不好的景象：洪水把村舍的房屋冲倒了一大半，把猪、鸡、羊都淹死了，空气里充满了难闻的臭味儿；洪水把成堆的木材也几乎都冲光了，……

（2）* 玛丽是个勤快的孩子，每天都是她最早起来。等我们起床，早饭已经被她准备好了，屋子也已经被他整理得干干净净。

这两个句子，就一个个小句孤立地来看都合语法，但是例（1）冒号以后的部分，是要具体描绘洪水过后的不好景象，按说应顺着上文的意思，用表示遭受义的“被”字句，不宜用“把”字句，可是却用了好几个“把”字句，使前后文气很不协调、很不连贯。这个句子宜改为：

（1′）洪水是退了，但是眼前是一片不好的景象：村舍的房屋被洪水冲倒了一大半，猪、鸡、羊都被淹死了，空气里充满了难闻的臭味儿；成堆的木材也几乎都被洪水冲光了……

---

① 参看马真《在汉语教学中要重视词语使用的语义背景》，见蔡建国主编《中华文化传播——任务与方法》，上海人民出版社，2008 年。

而例（2）是该用“把”字句而没有用。例（2）的后一句是来具体描述说明玛丽的勤快的，按上下文的意思，这里宜用表示积极处置的“把”字句，不该用“被”字句，可那学生用了“被”字句。该句宜改为：

（2′）玛丽是个勤快的孩子，每天都是她最早起来。等我们起床，她已经把早饭准备好了，还把屋子整理得干干净净。

外国汉语学习者为什么用不好“把”字句？因为我们没有告诉外国汉语学习者，在什么场合或者说在什么上下文中可以用“把”字句，在什么场合或者说在什么上下文中不能用“把”字句。汉语教学中出现“把”字句教学的困境，反映了我们先前对“把”字句研究、认识的不足。不足在哪里？正如陆俭明（2016）① 所指出的：

其一，没考虑和认识到，表示“处置”义或表示“致使”义或表示“认同”义或表示“不如意”义，这并非“把”字句的“专利”；即不是只有“把”字句才能表示这些语法意义。他举了下列实例来加以说明：

［**表“处置-位移”义**］下面三个句子都含有这一语法意义：

（3）a. 刘老师把词典放在书架上了。［“把”字句］

b. 刘老师放了本词典在书架上。［复谓句］

c. 那词典刘老师放在书架上了。［主谓谓语句］

［**表“处置-变化”义**］下面四个句子都含有这一语法意义：

（4）a. 姐姐把我们的衣服都洗干净了。［“把”字句］

b. 我们的衣服姐姐都洗干净了。［主谓谓语句］

c. 我们的衣服姐姐给洗干净了。［带“给”的主谓谓语句］

---

① 参看陆俭明《从语言信息结构视角重新认识“把”字句》，《语言教学与研究》2016 年第 1 期。

d. 我们的衣服都洗干净了。 ［受事主语句］

［表"致使"义］下面两个句子都含有这一语法意义：

（5）a. 孩子把爷爷哭醒了。 ［"把"字句］

b. 孩子哭醒了爷爷。 ［施事宾语句 / 使成句］

［表"认同"义］下面两个句子都含有这一语法意义：

（6）a. 我把他认作我的干儿子。 ［"把"字句］

b. 我认他做我的干儿子。 ［兼语句 / 递系句］

［表"不如意"义］下面两个句子都含有这一语法意义：

（7）a. 我把办公室钥匙落家里了。 ［"把"字句］

b. 办公室钥匙我落家里了。 ［主谓谓语句］

其二，既然表示"处置"义、表示"致使"义、表示"主观认同"义、表示"不如意"义等，并非"把"字句的专利，那么就带来另一个问题："把"字句跟其他句式，诸如主谓谓语句、受事主语句、"给"字句、"被"字句等，在表达上有什么差异？其差异具体体现在哪里？然而这样的问题，以往我们没有看到有人去深究。如果我们能将"把"字句与其他句式在表达上的差异都清清楚楚地告诉外国学生，这无疑将有助于"把"字句教学走出困境。我虽不敢说外国学生就不会出现使用"把"字句的偏误现象了，但肯定会使他们大大减少"把"字句使用不当的偏误。

那么"把"字句跟其他句式之间在表达上到底有什么样的差异？或者说具体有哪些差异？这正是"把"字句研究所需要进一步探究的。

（二）下面是出现在《光明日报》（1978 年 6 月 14 日第 3 版）上的一个病例：

（8）* 对解决这个问题，地委非常关心，多次指示我们将占用的校舍尽早搬出。

这个句子不难改，把“搬出”改为“退还”就可以了。但是，这个句子的毛病很值得玩味。

这个句子的毛病就在于“将占用的校舍搬出”不成立。这里的“将”是介词，相当于“把”。“把（将）占用的校舍搬出”是不能说的。为什么呢？我们不妨先分析一下“把（将）占用的校舍搬出”这一结构。这里有两点值得注意：第一，“把”字的宾语（“占用的校舍”不是“搬”的受事，而是处所；第二，“把”字后面的动词性成分（“搬出”）是一个带趋向补语的述补结构，而这个述补结构的述语成分表示位移，补语表示实指的趋向。

那么，是不是因为“把”字的宾语不是“搬”的受事，而是处所，所以那句子就不能成立呢？当然不是。下面各例“把”字的宾语都是后面动词的处所，但句子都是合法的：

（9）把一个红碗两个黑碗上贴了名字……

（10）大兵，清道夫，女招待，都烧着烟卷，把屋里烧得像个佛堂。

（11）把东城西城都跑遍了。①

（12）你把里里外外再检查一遍。

那么是不是“把”字句里的动词性成分不能是“述语表示位移，补语表示实指趋向”的述补结构呢？也不是。下面“把”字句里的动词性成分都是“述语表示位移，补语表示实指趋向”的述补结构：

（13）一把将瓦罐接过来，……

（14）宋占魁把床拉出来，……

（15）俸银一下来，就把它拿回来！

（16）把大绿瓦盆搬进来，……

---

① 例（11）、例（12）转引自吕叔湘主编《现代汉语八百词》，商务印书馆，1980年第1版，1999年增订版。

那么“把（将）占用的校舍搬出”的病因究竟在哪儿呢？将病例（8）跟例（9）—（12）和例（13）—（16）相对照，我们就不难发现，“把”的宾语可以是后面动词的处所，动词部分也可以是一个“述语表示位移，补语表示实指趋向”的述补结构，但这二者不能同时在一个“把”字句里出现，而这正是“将占用的校舍搬出”的病因之所在。在以往的汉语教学中我们没能将这一点告诉学生，所以就出现了下面的使用“把”字句的偏误现象：

（17）* 把屋里走进去。

（18）* 把篱笆跨过去。

（19）* 把箱子里取出来。

（20）* 把校门口跑过去。

例（17）—（20）都犯了与例（8）同样的毛病。

上面所指出的那一点，无疑是使用介词“把（将）”的一条规则。其实，这一条规则在《现代汉语语法讲话》[①]里已经提到了，书中指出：“把”字句的动词是有限制的。……“回”“到”“进”“来”“出”“去”一类字后带处所宾语或时间宾语的不能用。“我回家”不能说成“我把家回”。“说出话来”可以改成“把话说出来”，但“说出口来”却不能改成“把口说出来”，因为“口”在这里是表示处所，不是“说出”的东西。

显然，我们所谈的意思，《现代汉语语法讲话》都讲了，只是并未引起大家的充分注意。不过有个问题也还值得我们深究，那就是：为什么在“把”字句中不允许处所宾语与趋向补语同现？

---



① 参看丁声树等《现代汉语语法讲话》，商务印书馆，1961 年。

## 三、“把”字句研究中需要探究的问题

（一）“把”字句是怎么形成的，或者说是怎么生成的？

关于这个问题学界有各种不同的回答。最早是黎锦熙（1924）① 提出“变式的宾位”说，后来多数《现代汉语》教材上的“提宾”说就是由黎锦熙先生的“变式的宾位”说来的。早期的对外汉语教学中在讲到“把”字句时基本都采用“提宾”说，这就导致汉语教学中出现了经典式的使用“把”字句的偏误句：

（1）* 我把饺子吃在五道口。

1982 年朱德熙先生在《语法讲义》② 里提出了一种新的看法：“跟‘把’字句关系最密切的不是‘主-动-宾’句式，而是受事主语句。”理由有二：一是将“把”字句看成“主-动-宾”句的变式，有困难，大量的“把”字句不能还原为“主-动-宾”句，如“把换洗的衣服包了个包袱 | 把壁炉生上火 | 把大门贴上封条 | 把话说得婉转些”等，都不能还原为“主-动-宾”句。二是绝大部分的“把”字句去掉“把”以后剩下的部分仍然站得住，而这剩下的部分正是受事主语句。朱德熙先生举了如下一系列的例子（这里仅转引 8 个例子）：

（2）把衣服洗干净了——衣服洗干净了

把嗓子喊哑了——嗓子喊哑了

把壁炉生了火——壁炉生了火

把这笔钱换给学校——这笔钱换给学校

把头一抬，把眼睛一瞪 —— 头一抬，眼睛一瞪

把皮肤晒得黢黑——皮肤晒得黢黑

---

① 参看黎锦熙《新著国语文法》，商务印书馆，1924 年原版，1992 年汉语语法丛书版。

② 参看朱德熙《语法讲义》，商务印书馆，1982 年。

把自己的意见强加于别人——自己的意见强加于别人

把简单的问题复杂化了——简单的问题复杂化了

然而这一看法也有问题：一是有许多“把”字句去掉“把”剩下的并不是受事主语句。例如：

（3）把犯人跑了——犯人跑了 ［施事主语句］

把屋子堆得满满的——屋子堆得满满的 ［处所主语句］

把买卖跑成了——买卖跑成了 ［目的主语句］

二是如果“把”的宾语是人称代词，去掉了“把”字就站不住，也就是说去掉了“把”字不能变为受事主语句。例如：

（4）把他表扬了一番——*他表扬了一番

把我们批评了一通——*我们批评了一通

把他们叫来——*他们叫来

沈阳（1997）[①] 运用生成语法理论中的移位分析理论提出了新的“把”字句生成说，认为“把”字句是名词短语多重移位形成的。具体说，那名词短语先是出现在句首做主语，然后移位至动词后做宾语，然后再由介词“把”将那名词短语移位至动词前。所举例子如（仅转引 3 例）：

（5）a. 矛盾暴露了

b. 暴露了一些矛盾

c. 把矛盾暴露了

（6）a. 好多人病倒了

b. 病倒了好多人

c. 把好多人病倒了

① 参看沈阳《名词短语的多重移位形式及“把”字句的构造过程》，《中国语文》1997 年第 6 期。

（7）a. 我愁得大病了一场

b. 愁得我大病了一场

c. 把我愁得大病了一场

且不说如此复杂的多重移位是否真能说清楚其移位的动因与机制，而且事实上有许多“把”字句难以用此移位理论来解释，例如上面列举的朱德熙先生所举的例子：

（8）把壁炉生了火

把自己的意见强加于别人

把简单的问题复杂化了

例（8）各个“把”字句都不存在相应的名词短语在动词后的句子：

（9）* 生了壁炉火

* 强加自己的意见于别人

* 复杂化了简单的问题

而这种“多重移位”说，对于汉语教学实践也看不出能带来多大好处，相反容易把学生搞糊涂了。

这说明，对于“把”字句的生成，也还是一个值得进一步探究的问题。我的初步想法，“把”字句的生成并不只是由某一种因素造成的，可能是由多种因素造成的——可能既有语法上的因素，也有语义上的因素，也有语用上的因素造成的。关于这个问题我还不能在这里细说。

（二）“把”的宾语是否一定是有定的？

吕叔湘先生在 1948 年发表的《把字用法的研究》[①] 一文中指出，

① 参看吕叔湘《把字用法的研究》，见《金陵、齐鲁、华西大学中国文化汇刊》第八卷，1948 年；又见吕叔湘《吕叔湘文集》第 2 卷，商务印书馆，1990 年。

"宾语代表无定的事物，不能用把"；"真正的无定而用把的例子，早期也许有，现代是很难得遇见的"。可能是受吕先生这一说法的影响，所以后来的各种语法论著在谈到"把"字句时都将"'把'的宾语是有定的"视为"把"字句的重要特点之一。20世纪80年代，宋玉柱（1981）[①]对此提出异议。

应该承认，绝大多数的"把"字句，其"把"的宾语是有定的。但同时也应该承认，在现代，特别是在口语中也确实存在"把"的宾语是无定的那种"把"字句。请看：

A组：

（10）我要向他借支钢笔，他却把一支铅笔递给了我。

（11）我要他去买件衬衣，他却心不在焉，把条裤子给买来了。

（12）叫你去请外科大夫，你怎么把个牙科大夫请来了？

（13）我说要打酱油，你怎么把醋打瓶里了？

B组：

（14）只听见隔壁房里乒啷一声，像是把个什么玻璃瓶给打了。

（15）忽然，哐当一声，不知是谁把个凳子给撞翻了。

C组：

（16）他只顾低着头想事，一不留神，把个孩子给撞倒了。

（17）他一不小心，把个什么瓶子踢着了，发出的响声立即惊动了岗楼里的敌人。

A组例句代表一种情况。这都是复句，"把"字句用作后一分句，全句表示乙应甲的要求做了某件事，而乙所处置的对象并非是甲所要求的；前一分句指明甲原先对乙的要求。

B组例句代表另一种情况。这也都是复句，"把"字句也用在

① 参看宋玉柱《关于"把"字句的两个问题》，《语文研究》1981年第2期。

后一分句，全句表示从突然发出的声响判断，像是毁了什么东西；在前一分句里一定包含有象声词。

C组例句代表又一种情况。这些句子都是说由于不留神、不小心，做了不该做的事。

很明显，无论是A组、B组还是C组“把”字句，都含有出乎意料的意思。这兴许可以看作是这类“把”字句所共有的特殊表达作用。

“把”字句中“把”的宾语并非“有定”的另一种情况是，“把”后的名词性成分表示通指（generic），这多见于辞书的某些释义。[①]例如：

（18）要准确地把<u>一种文字</u>翻译成另一种文字可并不那么容易，实际是一种再创造。

（19）机器翻译：利用计算机一类的装置把<u>一种语言文字</u>译成另一种语言文字。[②]

（20）挂钩：用钩把两节车厢连接起来。

事实上，“把”字句里“把”的宾语是有定的，这很好理解。所谓名词“通指”，实际是名词“有定性”的另一种表现。现在的问题是，为什么能允许“无定性”名词做“把”的宾语？这也是需要进一步探究的问题。

（三）为什么“把”字句里的动词不能带动态助词“过”？

“把”字后面的动词前后总要带些别的成分，一般不能是一个单独的动词，这一点所有谈论“把”字句的论著都注意到了，无须

① 参看陶红印、张伯江《无定式把字句在近、现代汉语里的地位问题及其理论意义》，《中国语文》2000年第5期。

② 例（19）、例（20）转引自中国社会科学院语言研究所词典编辑室编《现代汉语词典》（第6版），商务印书馆，2012年。

赘述。这里要指出的是，“把”字句里的动词可以带上动态助词“了”和“着”，但是不能带动态助词“过”。下面是带“了”的例子：

（21）战士们很快就把敌人的武装解除了。

（22）即使他把钱都扔了，反正我还落下个弟弟！

（23）把椅子往前拉了拉，声音放得很低：……

（24）天赐翻了翻白眼，一声没出，偷偷地把连脚裤尿了个精湿。

（25）把这些衣服都归了你，还不值几百元吗？

（26）他把会上讨论聚财的事一五一十告诉了金生，叫他们做个准备。

下面是带“着”的例子：

（27）你把介绍信带着！①

（28）他把书老拿着。｜你还是把钱带着吧。②

（29）宝蟾把脸红着，并不答言。

（30）把头抬着｜把门开着③

（31）他把眼睛瞪着，把嘴张着。④

下面带“过”的例子就都不说：

（32）* 我把这种菜吃过。

（33）* 他把你做的衣服穿过了。

（34）* 我把报纸订过了。

（35）* 我把钱给过他。

（36）* 同志们都把他批评过。

---

① 转引自丁声树等《现代汉语语法讲话》，商务印书馆，1961 年。

② 转引自王还《“把”字句和“被”字句》，新知识出版社，1957 年。

③ 转引自朱德熙《语法讲义》，商务印书馆，1982 年。

④ 转引自北京大学中文系 1955 级、1957 级语言班编《现代汉语虚词例释》，商务印书馆，1982 年。

然而也不是绝对不能带“过”。请看：

（37）我什么时候把你的利益抛开过？

（38）他从来没有把自己打扮得这么漂亮过。

（39）你说，你什么时候把事情办利落过？

（40）他大约没有一天把我忘掉过。

（41）你不信问问这村里人，他们谁把大夫从山下请上来过？

（42）为了学好日语，开学以来他每天都要把日语单词背过好几遍。

这些句子似有以下两个特点：

第一，谓语动词一般都是述补结构，如例（37）的“抛开”、例（38）的“打扮得这么漂亮”、例（39）的“办利落”、例（40）的“忘掉”和例（41）的“请上来”等；或者谓语动词带有数量成分，如例（42）。

第二，整个句子一般都表示从未有过某种经历或一直以来都如此的意思，因此在“把”前常常有“从来没有”“从未”“什么时候也没有”和“每天”等词语做状语。

那么为什么一般“把”字句其谓语动词后不能带“过”？为什么像例（37）—例（42）这类“把”字句的谓语动词后又能带“过”了呢？带动态助词“过”，条件是什么？看来目前有关“把”字句的种种理论都还不能圆满解释这个现象。而这也是需要我们去进一步探究的。

（四）动词重叠式充任谓语动词的“把”字句有个现象如何解释？

下面的“把”字句其谓语动词是动词重叠式：

（43）你把手洗洗。

（44）再让她把昨天的事说说。

（45）你们把这个问题再研究研究。

（46）我还需要把这个问题考虑考虑。

如果加进否定词就都不能成立了：

（43′）* 你不 / 没有把手洗洗。

（44′）* 不再让她把昨天的事说说。| 没有再让她把昨天的事说说。

（45′）* 你们不 / 没有把这个问题再研究研究。

（46′）* 我不需要把这个问题考虑考虑。

可是，改变一下句类（变为疑问句），或加上一些成分，就又成立了：

（43″）a. 你不把手洗洗？

b. 你也不把手洗洗。

（44″）不再让她把昨天的事说说？

（45″）a. 你们不 / 没有把这个问题再研究研究？

b. 你们呀，也不把这个问题再研究研究。

（46″）我不需要把这个问题考虑考虑吗？

这为什么？这说明使用“把”字句的条件，我们至今还不能说得很清楚，还需要我们去做进一步的探究。

## 四、关于介词“被”和“被”字句

介词“被”也是由动词虚化而来的。在古汉语里，“被”作为动词，原先是表示“覆盖”的意思，后又引申为“受；遭受”义，例如“高祖被酒”（《史记·高祖本纪》）、“身被十二创”（《后汉书·贾复传》）里的“被”都是动词。介词“被”就是由表示“遭受”义的动词“被”虚化来的。①

介词“被”跟一般介词的不同之处，它可以不带宾语，直接黏附在动词上。所以下面都是由介词“被”构成的“被”字句：

① 参看王力《王力文集》第一卷《中国语法理论》，第二章第十三节“被动式”，山东教育出版社，1984 年。

（1）a. 我那三只鸡都被黄鼠狼偷吃了。

b. 我被一阵急促的敲门声惊醒了。

（2）a. 听说他已经被辞退了。

b. 老五怎么也被打了？

例（1）“被”后面带着宾语，例（2）“被”直接紧贴着动词。[①]“被”字句的基本格式可以表示为：

**乙被（甲）怎么样**

早期有人将“把”字句和“被”字句看成是相对立的两种句式——“把”字句是主动句式，“被”字句是被动句式。例如：

（3）黄鼠狼把我那三只鸡都偷吃了。

（4）我那三只鸡都被黄鼠狼偷吃了。

就例（3）、例（4）而言，确实可以这样说。因为明显的，例（3）“把”字句的主语“黄鼠狼”是发出动作的施事，“把”字句的宾语是受事（接受动作的）；例（4）“被”字句正好相反，主语是受事，“被”字的宾语是施事。从表达的角度看，“把”字句强调主动性，说明主语把这个受事怎么处置；“被”字句强调被动性，说明主语受到什么遭遇。所以在强调遭遇时用“被”字句，在强调主动者的主动精神时用“把”字句。例如：

（5）山洪暴发后的当天中午，县委领导就赶到了地处山区的沈家坞，只见一片狼藉。房子大部分都被冲塌了，小块小块的梯田被冲成了斜坡，半人高的棒子大多被折断了，……

（6）汶川大地震过去十年了，汶川的变化真可以用“沧海桑田”

① 现在学界有人将例（1）这种“被”字句称为“长被动句”，将例（2）这种“被”字句称为“短被动句”。对于例（2）里的“被”，也有学者不再将它看作介词，而视为“被动标记”。参看石定栩、胡建华《“被”的句法地位》，《当代语言学》2005年第3期。

来形容。在全国各省市、自治区的大力援助下，汶川人民在各级党委领导下，团结一致重建家园——把学校、医院都重建起来了，把毁坏的道路修起来了，把街市又建起来了，把一根根电线杆都重新架起来了，……而那些地震后的新生儿都已成了小学生，处处都充满了生气。

例（5）使用多个“被”字句，真实地描写了沈家坞遭受山洪灾害的狼藉景象。例（6）反映了汶川家园的重建情况，一连用了4个“把”字句。如果把例（5）的“被”字句换用成“把”字句，把例（6）的“把”字句换用成“被”字句，就很不合适了。

“被”字句当然会表示被动义，但汉语中大量表示被动意义的句子不用“被”字，这是汉语语法的特点之一。例如：

（7）电影票买着了。

（8）文章写好了。

（9）电邮发出去了。

（10）衣服洗得干干净净。

这些句子都含有被动意义，但都不宜用“被”字；用了反倒别扭了。这是因为在汉语里“被”字句主要不是用来表示被动义，主要用来或者说多用来表示不如意的事情。王力先生在《汉语史稿》里曾说：“被”字句“基本上是表示不幸或不愉快的事情”[①]。比较下面两组句子可以清楚了解这一点：

| A | B |
| --- | --- |
| 衣服被他撕破了 | * 衣服被姐姐做好了。 |
| 饭被我煮糊了。 | * 饭被我煮好了。 |
| 自行车被小偷偷走了。 | * 自行车被我领回来了。 |
| 麦子被雨淋了。 | * 麦子被太阳晒干了。 |

① 参看王力《王力文集》第九卷《汉语史稿》，第三章第四十八节“被动式的发展”，山东教育出版社，1988年。

A、B两组都含被动意思，A组能用“被”字，因为所表示的是不如意的事情；B组不能用“被”字，因为表示的是所希望的事情。有的句子似乎可以用“被”字，也可以不用“被”字，但是用不用“被”字，句子的感情色彩不一样。试比较：

（11）a. 麦子被他们运走了。

b. 麦子他们运走了。

例（11）a句用“被”，含有说话人不乐意的感情色彩；b句没有用“被”，只是客观地报道一个事实。也有学者认为，“被”字句所表示的“被动概念”其核心意义是“以受事为视角叙述意外事件的发生”[①]，这样可以更好地解释所有“被”字句，特别是表示中性的甚至如意事件的“被”字句；“至于‘不如意的遭遇’可把它看作‘意外事件’展现出来的一种附带意义”[②]。这看法不无道理。

由于“被”字句基本表示“不如意”的语法意义，下面句子里的“被”字还是不用为宜：

（12）* 朋友们送我的那幅描绘祖国大好河山的风景画，一直被我挂在书房的墙壁上。

（13）* 在这些被安装好的机器中，我们选了一台。

例（12）用“被”的小句宜修改为“我一直挂在书房的墙壁上”。例（13）里的“被”应删去。

“被”字句之所以基本表示“不如意”的语法意义，这跟介词

① 参看杉村博文《从日语的角度看汉语被动句的特点》，《语言文字应用》2003年第2期；杉村博文《汉语的被动概念》，见载邢福义主编《汉语被动表述问题研究新拓展——汉语被动表述问题国际研讨会论文集》，华中师范大学出版社，2006年。

② 参看杉村博文《现代汉语语法研究——以日语为参考系》，第三章第十篇“汉语的被动概念”，大阪大学出版会，2017年。

"被"是从表示"遭受"义的动词"被"虚化来的有关。[①] 现在，"被"字句也开始用在对主语成分来说是如意的事情上，例如：

（14）他光荣地被大家推选为人民代表。

（15）最后，孩子还是被她调教好了。

但这种用法仅见于书面语，而且还属少数情况。

从结构上来说，"被"字句里的动词也必须是一个及物动词，而且它的前后一般也总要有一些别的成分（除非那动词是双音节动词）；助动词、否定词一般也要放在"被"字前面，不能放在后面。例如：

（16）弟弟被妈妈批评了一顿。 ［述宾词组］

（17）杯子被他丢了一个。 ［述宾词组］

（18）可能被他认出来了。 ［述补词组］

（19）这个办法没有被他采纳。 ［双音节动词］

以上各例动词都是及物动词。除例（19）外，其余各句的动词性成分都是复杂的，例（19）的动词是个双音节动词。例（18）的助动词"可能"，例（19）的否定词"没有"都在"被"字之前。下面这些句子在结构上都有毛病：

（20）* 这种无组织的松散的舞会，还容易被一小撮坏人乘机搞犯法的活动。

（21）* 胜利在望的时候，他不幸被敌人的子弹牺牲了。

（22）* 想要被大风不卷走，一定得加粗缆绳。

例（20）"乘机搞犯法的活动"不能支配主语成分，即主语成分不是"乘机……"的受事，应在"被一小撮坏人"后面补上动词

① 参看王力《王力文集》第九卷《汉语史稿》，第三章第四十八节"被动式的发展"，山东教育出版社，1988 年。

“利用”。例（21）“牺牲”虽是及物动词，但主语“他”不是受事，而是施事，应改为：“他不幸被敌人的子弹打中，牺牲了。”例（22）否定词“不”应放在“被”字之前。

前面说过，“被”字句，除了“被”带宾语这一种以外，还有一种是“被”字不带宾语的“被”字句。例如：

（23）他被驳得体无完肤。

（24）不一会儿，火势被控制住了。

（25）他被批评了。

据王力先生《汉语史稿》说，这种不带宾语的“被”字句早于带宾语的“被”字句。①

最近10多年，出现了“被XX”这样一种带有嘲讽义的新“被”字句。先是在网络上出现的，现在已开始进入书刊报纸。那XX可以是不及物动词、形容词、名词，甚至是数词。例如：

（26）a. 被自杀 | 被就业

b. 被幸福 | 被苗条

c. 被教授 | 被科长

d. 被82%

这种“被”字句实际带有否定性意思——“被自杀”，意思是被说成是自杀，实际不是自杀；“被幸福”，意思是被说成很幸福，其实与实际不符；“被教授”，意思是说××人是教授了，实际上并不是，只是为了向上报数字将××人统计进去了；“被82%”，意思是说是达到了82%这个指标，实际并未达到。对于这种新“被”字句，最后是否会固化进入汉民族共同语，还得观望一下。

① 参看王力《王力文集》第九卷《汉语史稿》，第三章第四十八节“被动式的发展”，山东教育出版社，1988年。

# 第十六讲
# 介词“比”以及“比”字句内比较项乙的替换规律

## 一、关于介词“比”

第十五讲我们说到，介词是由动词虚化来的。但是要注意，虚化的程度并不一样。有的是已经彻底虚化为介词了，如“把”和“被”；有的则还没有彻底虚化，“比”就属于这种情况，类似的还有“在”“到”等。这样就有一个问题：对于“比”“在”“到”一类词，什么情况下将它们看作动词，什么情况下将它们视为介词？目前一般采取以下办法：当“比”“在”“到”不带宾语在句子中出现，或者虽然带上宾语但单独做谓语或单独成句，都看作动词；如果带上宾语后跟别的动词性成分连着用，就处理为介词。以“比”字为例，请看：

（1）a. 你敢不敢跟他比？

b. 你们俩比一比，看谁的力气大。

c.——比什么？

——比力气。

d. 我比不过他。

e. 跟萍萍比起来，你确实强多了。

f. “你们俩到底比不比？”“比！”那哥儿俩同时大声说。

（2）a. 你比他高多了。

b. 哈尔滨比北京更冷。

c. 他比我跑得快。

d. 你比我强。

例（1）各句里的“比”是动词；例（2）各句里的“比”是介词。

由介词“比”形成的介词结构做句子谓语动词状语的句子，称为“比”字句。介词“比”的作用主要是引介比较对象。汉语普通话里的“比”字句，基本格式是：

**甲比乙怎么样。**

甲和乙分别是“比”字句里的两个比较项。比较项甲居于句首，做全句的主语；比较项乙由介词“比”引介，做介词“比”的宾语。

## 二、“比”字句中一个有意思的现象

关于“比”字句，大家都比较熟悉，研究得也比较多，这里我不想对“比”字句做全面的分析讲解，只跟大家说说这样一类“比”字句：比较项甲也好，比较项乙也好，都分别是一个“$名_1$的名”和“$名_2$的名”的偏正结构。为什么要专门讲解这一类“比”字句呢？因为内中有不少有意思的现象值得我们注意。譬如说，下面都是符合上述要求的“比”字句：

（1）张三的汽车比李四的汽车好看。

（2）张三的脾气比李四的脾气好。

（3）张三的衣服比李四的衣服多。

（4）张三的父亲比李四的父亲能干。

这些“比”字句格式相同，都是：

**$名_1$的名比$名_2$的名怎么样。**

各句“怎么样”部分，“好看”“好”“多”“能干”都是形容词性词语。大家知道，在实际的言语交际中，为了说话经济，只要不影响意思的表达，常常可以省去某些成分。例（1）—例（4）格式虽相同，各句实际有差异，差异就在于“比”的宾语即比较项乙“名$_2$的名”，被省略、被替换的情况各不相同。请看：

先看例（1）“张三的汽车比李四的汽车好看”。比较项乙“李四的汽车”，可省略为“李四的”，即“李四的汽车”可以替换为“李四的”，说成：

（1′）张三的汽车比李四的好看。

这也就是说，例（1）里的“名$_2$的名”可以为“名$_2$的”所替换，而意思不变。似乎也可以光留下“李四”，将“的汽车”都给省去，说成：

（1″）*张三的汽车比李四好看。

可是意思完全变了，所以说例（1）里的“名$_2$的名”不能替换为“名$_2$”。

再看例（2）“张三的脾气比李四的脾气好”。情况跟例（1）正好相反，比较项乙“李四的脾气”可以省略为“李四”，即“李四的脾气”可以替换为“李四”，说成：

（2′）张三的脾气比李四好。

这也就是说，例（2）里的“名$_2$的名”可以为“名$_2$”所替换，而意思不变。但“李四的脾气”一般不能被“李四的”替换，不能说成：

（2″）*张三的脾气比李四的好。

也就是说例（2）里的“名$_2$的名”不能替换为“名$_2$的”。

再看例（3）“张三的衣服比李四的衣服多”。情况跟例（1）、例（2）又不一样，其比较项乙“李四的衣服”可以省略为“李四的”，也可以省略为“李四”，即“李四的衣服”既可以替换为“李四的”，也可以替换为“李四”，分别说成：

（3′）张三的衣服比李四的多。

（3″）张三的衣服比李四多。

这就是说，例（3）里的“名$_2$的名”可以为“名$_2$的”所替换，也可以为“名$_2$”所替换，而意思不变。

最后看例（4）“张三的父亲比李四的父亲能干”。情况跟例（3）正好相反，比较项乙“李四的父亲”既不能省略为“李四的”，也不能省略为“李四”，即“李四的父亲”既不能替换为“李四的”，也不能替换为“李四”，不能说成：

（4′）* 张三的父亲比李四的能干。

（4″）* 张三的父亲比李四能干。

例（4″）这话虽然可以说，但意思完全变了。所以说例（4）里的“名$_2$的名”不能替换为“名$_2$”。

以上所说呈现为以下 A、B、C、D 四类不同替换的情况：

A.（1）张三的汽车比李四的汽车好看。

⇨ 张三的汽车比李四的好看。

⇨ * 张三的汽车比李四好看。

B.（2）张三的脾气比李四的脾气好。

⇨ * 张三的脾气比李四的好

⇨ 张三的脾气比李四好

C.（3）张三的衣服比李四的衣服多。

⇨ 张三的衣服比李四的多。

⇨ 张三的衣服比李四多。

D.（4）张三的父亲比李四的父亲能干。

⇨ * 张三的父亲比李四的能干。

⇨ * 张三的父亲比李四能干。

例（1）—例（4）是格式相同的“比”字句，为什么作为比较项乙的“名$_2$的名”省略、替换的情况各不相同？其中有没有规律可循？

## 三、影响“比”字句中“比”的宾语“名$_2$的名”被替换的五种制约因素

为找出规律，我先后搜集、抄写了将近1000个例句，并对这1000个例句进行反复分析、思考，同时向多位北京人进行咨询。最后终于理出一个头绪来，发现制约上述A、B、C、D四种不同替换情况的因素有多种，具体说有以下五种因素：定语和中心语之间的语义联系，充任定语和中心语的“名$_2$”与“名”的性质，形容词性词语的具体情况，社会心理，句子重音。上述五种因素是如何制约那不同的替换情况的呢？下面我们逐一加以分析。

（一）“定语和中心语之间的语义联系”对替换的具体制约情况。

1.定语和中心语之间的语义联系分类。所谓定语和中心语之间的语义联系，具体是指作为比较项甲/乙的那个偏正结构里的“名$_1$/名$_2$”跟“名”之间的语义联系。这是最主要的制约、影响因素。定语和中心语之间的语义联系细分为以下八种：

一是领属关系，指可分离的两个事物之间的那种领有和被领有的关系。例如：

他的钢琴　小王的书包　爸爸的汽车

二是亲属关系，指亲属之间的关系，也包括师友之间或上下级之间的关系。例如：

他的父亲　我的同学　我们的校长

三是隶属关系，指有机组成的整体与其部分之间的关系。例如：

他的眼睛　大象的尾巴　桌子的腿儿

四是属性关系，指事物与其所具有的属性（包括能力、性质等）之间的关系。例如：

他的脾气　猴子的习性　汽车的速度

五是质料关系，指成品与原料之间的关系。例如：

木头的桌子　瓷的花盆儿　呢的大衣

六是时地关系，指事物与产生的时间或地点的关系。例如：

今天的报纸　四川的辣椒　北京的马路

七是类属关系，指事物与该事物所具有的区别于他事物的特性之间的关系。例如：

黄头发的姑娘　四条腿的桌子　四万字的文章

八是准领属关系，指人与其所具有的某一方面的技能之间的关系。例如：

他的书（教得好）　小王的篮球（打得好）　她的芭蕾舞（跳得好）

2. 不同的语义关系对“名$_2$的名”的替换情况产生的影响。具体如下：

第一，凡“名$_2$”与“名”之间属于领属关系、质料关系、类属关系，均属于A类替换。例如：

（1）我的马比你的马力气大。　　[领属关系]

⇨ 我的马比你的力气大。

⇨ * 我的马比你力气大。

（2）木头的桌子比铁的桌子轻　　[质料关系]

⇨ 木头的桌子比铁的轻。

⇨ * 木头的桌子比铁轻。

（3）五千字的文章不一定比两万字的文章差。　　[类属关系]

⇨ 五千字的文章不一定比两万字的差。

⇨ * 五千字的文章不一定比两万字差。

其中属于领属关系的“比”字句，在替换上会有些例外，我们将在后面做出说明。

第二，凡“名$_2$”与“名”之间是属性关系和准领属关系，均属于B类替换。例如：

（4）他的脾气比你的脾气好。　　[属于属性关系]

⇨ * 他的脾气比你的好。

⇨ 他的脾气比你好。

（5）她的钢琴比我的钢琴弹得好。　　[属于准领属关系]

⇨ * 她的钢琴比我的弹得好。

⇨ 她的钢琴比我弹得好。

属于属性关系的“比”字句在替换上还会有些例外，我们到后面再说。

第三，凡“名$_2$”与“名”之间是隶属关系，就属于C类替换。例如：

（6）小王的胳膊比你的胳膊粗。　　[属于隶属关系]

⇨ 小王的胳膊比你的粗。

⇨ 小王的胳膊比你粗。

第四，凡“名$_2$”与“名”之间是亲属关系，一般属于D类替换。例如：

（7）我的姑妈比你的姑妈有经验。　　[属于亲属关系]

⇨ * 我的姑妈比你的有经验。

⇨ * 我的姑妈比你有经验。

第五，属于时地关系的“名$_2$的名”，替换情况比较复杂，还得受其他因素的制约。此外，上面所说的属于领属关系的“名$_2$的名”、属于亲属关系的“名$_2$的名”以及属于属性关系的“名$_2$的名”，也会在一定程度上受到别的因素的影响，还会有些特殊情况。下面会分别说明。

（二）“充任定语和中心语的‘名$_2$’与‘名’的性质”对替换的具体制约情况。

上面说，属于时地关系的“名$_2$的名”，替换情况比较复杂。复杂在哪里？复杂在属于时地关系的“名$_2$的名”可以有A、B、C三种替换情况，而具体该属于哪一种，就取决于充任定语和中心语的“名$_2$”和“名”的性质。

1. 中心语“名”为抽象名词，属于B类替换。例如：

（8）现在的经济状况比过去的经济状况好。

⇨ * 现在的经济状况比过去的好。

⇨ 现在的经济状况比过去好。

（9）西北的地势比东南的地势高。

⇨ * 西北的地势比东南的高。

⇨ 西北的地势比东南高。

2. “名”为具体名词时，有三种情况：

一是“名”为无生命名词，属于C类替换。例如：

（10）今天的报纸比昨天的报纸有意思。

⇨ 今天的报纸比昨天的有意思。

⇨ 今天的报纸比昨天有意思。

（11）北京的马路比天津的马路宽。

⇨ 北京的马路比天津的宽。

⇨ 北京的马路比天津宽。

二是“名”为有生命名词，属于A类替换。例如：

（12）上午的售货员比下午的售货员和气。

⇨ 上午的售货员比下午的和气。

⇏ * 上午的售货员比下午和气。

（13）上海的工人比山西的工人技术高。

⇨ 上海的工人比山西的技术高。

⇏ * 上海的工人比山西技术高。

三是“名”为有生命名词，但是“名$_2$的名”里的“名”跟“名$_1$的名”里的“名”所指相同，则属于B类替换。例如：

（14）现在的小红比小时候的小红更漂亮了。

⇏ * 现在的小红比小时候的更漂亮了。

⇨ 现在的小红比小时候更漂亮了。

（三）“形容词性词语的具体情况”对替换的具体制约情况。

属于领属关系和亲属关系的“名$_2$的名”，当后面的形容词性词语部分为“多”或“少”时，就不属于前面所讲过的A类替换和D类替换，而都变为属于C类替换了。例如：

（15）我的马比你的马多 / 少。

⇨ 我的马比你的多 / 少。

⇨ 我的马比你多 / 少。

（16）我的姑妈比你的姑妈多 / 少。

⇨ 我的姑妈比你的多 / 少。

⇨ 我的姑妈比你多 / 少。

（四）“社会心理”对替换的具体制约情况。

社会心理对替换的制约突出体现在影响属于亲属关系的“名$_2$的名”的替换情况，而且非常有意思。属于亲属关系的“名$_2$的名”，当形容词性词语不是“多”或“少”的时候，一般属于D类替换。但当“名$_2$的名”里的“名”指晚辈、同辈或下级时，则就可以属于

A类替换。试比较：

（17）我的爷爷比你的爷爷硬朗。

⇨*我的爷爷比你的硬朗。

⇨*我的爷爷比你硬朗。　　［意思变了］

（18）你的女儿比我的女儿能干。

⇨你的女儿比我的能干。

⇨*你的女儿比我能干。　　［意思变了］

例（17）里的“名”“爷爷”是指长辈，只能采用D类替换；例（18）里的“名”“女儿”指晚辈，就采用A类替换了。这是为什么呢？我们知道，在A类替换中，是用“$名_2$的”来替换“$名_2$的名”；“$名_2$的”（如“李四的”）是个名词性“的”字结构，具有指代性。用“的”字结构来指代一般的事物，如“你的衣服比她的好看”，其中的“她的”就指代“她的衣服”，没有问题，大家都可以接受。但是如果用来指代人，则是一种不很礼貌的说法。请比较：

（19）理发的：理发的师傅

修脚的：修脚的师傅

做饭的：做饭的厨师

所以当然就不能用一个“的”字结构来指代长辈，所以例（17）不能用A类替换。如果是晚辈、同辈就可以用A类替换。例（18）是妈妈说自己女儿，可以比较随便，所以能用A类替换。下面的例子更有意思：

（20）我的妻子比你的妻子年轻。

（21）我的丈夫比你的丈夫年轻。

（22）我的爱人比你的爱人年轻。

表面看，“丈夫”“妻子”“爱人”[1]属同辈的称呼。按说都可以采用 A 类替换。但由于长期来丈夫在家庭居主导地位，为一家之主。这种社会心理，决定了例（20）能采用 A 类替换，而例（21）不能采用 A 类替换，得采用 D 类替换。请看：

（20′）我的妻子比你的妻子年轻。

⇨ 我的妻子比你的年轻。

⇏ * 我的妻子比你年轻。

（21′）我的丈夫比你的丈夫年轻。

⇏ * 我的丈夫比你的年轻。

⇏ * 我的丈夫比你年轻。

而例（22）里的“爱人”是中华人民共和国成立后普遍使用的词，它既可以指丈夫，也可以指妻子，体现了一种男女平等的思想。所以例（22）不管是出自女同胞的口（这时“爱人”指丈夫），还是出自男同胞的口（这时“爱人”指妻子），都能采用 A 类替换。下面的例子更有意思：

（23）他的朋友比你的朋友大方。

⇨ 他的朋友比你的大方。

⇏ * 他的朋友比你大方。

（24）他的朋友比你的朋友小气。

⇏ * 他的朋友比你的小气。

⇏ * 他的朋友比你小气。

（25）他的朋友比你的朋友更小气。

⇨ 他的朋友比你的更小气。

⇏ * 他的朋友比你更小气。

---

①20 世纪 80 年代前，“爱人［配偶］”这个词使用还比较普遍。后来“爱人”另有他指，现在就基本不用来指配偶了。

例（23）是说“他的朋友比你的朋友大方”，言下之意“你的朋友小气”。这在说话者的心目中，暗含着对“你的朋友”有意见，甚至看不起。所以例（23）可以用A类替换。而例（24）是说“他的朋友比你的朋友小气”，言下之意“你的朋友”是比较大方的，所以不会采用A类替换，因为前面说过A类替换所得的句子是一种不很礼貌的说法。例（25）则又可以用A类替换了，因为在说话人心目中不管是“他的朋友”还是“你的朋友”，都是小气的，就又可以采用不礼貌的说法。

上面的实例也充分说明了社会心理对语言结构的影响。

（五）“句子重音”对替换的具体制约情况。

前面我们讲过，属于属性关系的“名$_2$的名”得采用B类替换。但可以有例外。前面所举的“他的脾气比你的脾气好”，通常句子的重音在表示新信息的“好”上。但为了强调“名$_1$”，句子重音也可以挪至“名$_1$”上。这时，也就可以采用C类替换。请看：

（26）'他的脾气比你的脾气好。

⇨'他的脾气比你的好。

⇨'他的脾气比你好。

再如：

（27）'他的能力比我的能力强。

⇨'他的能力比我的强。

⇨'他的能力比我强。

不过在实际语言中，采用C类替换比采用B类替换的概率要低得多。

以上五个因素，对替换的影响是不均衡的，其中前两个因素，即“定语和中心语的语义联系”和“充任定语和中心语的‘名$_2$’与‘名’的性质”，对替换的影响是全局性的。而后三个因素，即“形容词性词语的具体情况”“社会心理”和“句子重音”，对替换只起局部的影响（形容词性词语的情况是局限在表示领属关系和亲属关系两类且当形容词性词语为“多 / 少”时；社会心理也只局限在表示亲属关系而形容词性词语不是“多 / 少”时；句子重音只在表示属性关系这一类稍有影响）。

关于这一类“比”字句里“比”的宾语的不同替换，其规律就是上面所说的这些。从上我们也可以看到，为了找到替换的规律，不仅需要从语法上，还得从语义上、语音上、语用上，甚至还得从社会心理等方面进行多层面、多角度的考察。在我们研究汉语虚词的时候，这样的考察、分析是十分必要的，也是十分重要的。

# 第十七讲
# 辨析几组近义虚词

这一讲要跟大家讲几组近义虚词，辨析各组近义虚词在意义和具体用法上的异同。

## 一、“太”和“极”

在第二讲里就已经说到“太”和“极”都属于表示程度深的绝对程度副词。这里要具体辨析一下它们的异同。

从风格色彩上看，“极”多用于书面语，一般不用于口语，如“那玩意儿太好玩了”，就不能说成“那玩意儿极好玩”。“太”不论口语、书面语都常用。

从感情色彩上看，“极”不带感情色彩，只客观地表示程度高，达到了顶点；而“太”往往伴有说话人强烈的感情色彩。如“极美”“极大”或“极宽”只客观表示事物所具有的“美”“大”或“宽”的性质达到顶点；“太美了”“太大（了）”或“太宽（了）”，则不只表示“美”“大”或“宽”的程度很高，还带有说话人强烈的感情色彩。所以在多数情况下“太”和“极”不能互换。

“太”所伴有的感情色彩有两种：

一是赞叹，如“太美了！”“太好了！”“太宝贵了！”。再如：

（1）这场球赛太精彩了！

（2）你分析得太深刻了！

二是感到不满意，不合心意，含有过分的意思。例如：

（3）你也太笨了！

（4）这鞋太大了，我没法穿。

例（1）、例（2）里的“太”还勉强可以用“极”替换，但要删去句尾的“了”，而且感叹的语气似乎没有了。请看：

（1′）这场球赛极精彩！

（2′）你分析得极深刻！

而例（3）、例（4）绝对不能用“极”替换，即使将“了”删去，我们也不说：

（3′）？你也极笨！

（4′）？这鞋极大，我没法穿。

至于“太”什么时候伴有赞叹的感情色彩，什么时候伴有过分因而不满意的感情色彩，取决于所修饰的形容词。具体如下：

A.“太”如果修饰不受“过分”“过于”修饰的褒义形容词，如“宝贵”“光荣”“可爱”“精彩”“伟大”“深刻”“重要”“美”“对”等，就只伴有赞叹的感情色彩。例如：

（5）时间太宝贵了！

你们太光荣了！

那孩子太可爱了！

你说得太对了！

B.“太”修饰贬义词或中性形容词，如“脏”“笨”“固执”“闭塞”和“长”“短”“咸”“大”“甜”等，就伴有过分、不满意的感情色彩。例如：

（6）这儿太脏了！

你也太笨了！

这里太闭塞了！

（7）这根竹竿太长，去找一根短一点儿的。

菜太咸了，加点儿开水。

太甜了也不好吃。

C. “太”修饰能受“过于”“过分”修饰的褒义形容词，如“好”“干净”“聪明”“漂亮”“认真”“高兴”等，就有时伴有赞叹的感情色彩，有时伴有过分、不满意的感情色彩。至于什么情况下伴有赞叹的感情色彩，在什么情况下伴有过分、不满意的感情色彩，这由语境或者说上下文决定。请看：

（8）a. 这纸用来画画，那太好了，我一直想买这种纸。

b. 用来打草稿，这纸太好了，换一种吧。

（9）a. 这房间太干净了，看着真舒服。

b. 你也太干净了，谁敢坐你的床？

（10）a. 这孩子太聪明了，什么题都难不倒他。

b. 我看，他是太聪明，聪明反被聪明误。

（11）a. 这儿太漂亮了！

b. 这衣服太漂亮了，我穿不合适，你年轻，还是你穿吧。

（12）a. 你干事情太认真了，可真难得。

b. 他是开玩笑，你可别太认真。

（13）a. 听到这个好消息，我太高兴了！

b. 你甭太高兴，“八”字还没一撇呢。

（14）a. 这次办得太顺利了，真让人高兴。

b. 太顺利也让人担心，是不是其中有诈。

（15）a. 谢谢你，对我们照顾得太周到了。

b. 应该培养他独立生活的能力，您不必太周到。

（16）a. 同学们太热情了，我好像到家一样。

b. 你也太热情了，人家不习惯。

（17）a. 这块衣料还真不错，你买得太便宜了！

b. 这价钱太便宜，会不会上当？

（18）a. 这颜色太鲜艳了，好漂亮啊！

b. 这颜色太鲜艳了，我要素净一点儿的。

注意，“太”伴有赞叹的感情色彩和伴有过分、不满意的感情色彩，这在别的方面也往往会有所反映。

第一，二者的语句重音不同。伴有赞叹的感情色彩时，重音在“太”上；伴有过分、不满意的感情色彩时，重音可以在“太”上，更多的是在“太”所修饰的词上。例如：

（19）a. 这小家伙 ' 太聪明了！

b. 他是太 ' 聪明了，聪明反被聪明误。

c. 他是 ' 太聪明了，聪明反被聪明误。

（20）a. 这纸 ' 太好了，我也要买。

b. 这纸太 ' 好了，打草稿不要用这么好的纸。

c. 这纸 ' 太好了，打草稿不要用这么好的纸。

也就是说，重音在“太”上，可以是赞叹，也可以是表示过分、不满意；重音在“太”所修饰的词上，一定是表示过分、不满意。

第二，它们与“了”搭配的情况不同。伴有赞叹的感情色彩时，末尾总带有“了”；伴有过分、不满意的感情色彩时，末尾可带“了”，也可不带“了”。例如：

（21）a. 这太好了！

b. 他这个人心眼儿太好了，容易上当。

c. 他这个人心眼儿太好，容易上当。

（22）a. 这孩子简直太聪明了。

b. 我看他是太聪明了，反被聪明误。

c. 我看他是太聪明，反被聪明误。

也就是说，带“了”时可能是赞叹，也可能是表示过分、不满意；不带“了”时一定是表示过分、不满意。

第三，前加否定词“别”“未免”情况不同。伴有赞叹的感情色彩时，前面不能加“别”“未免”；伴有过分、不满意的感情色彩时，前面可以加“别”“未免”。例如：

（23）别太好了。

别太高兴了。

别太干净了。

（24）这纸未免太好了。

你未免太高兴了。

你呀，未免太干净了。

也就是说，前面有“别”“未免”时，一定是表示过分、不满意。

第四，能否形成“的”字结构的情况不同。伴有赞叹的感情色彩时，“太＋形容词”不能跟“的”形成“的”字结构；而伴有过分、不满意的感情色彩时，可以跟“的”形成“的”字结构。例如：

（25）a.* 太好的我要。

b. 太好的我不要。

（26）a.* 太便宜的好。

b. 太便宜的并不好。

也就是说，形成“的”字结构的，“太＋形容词”里的“太”一定表示过分、不满意。

注意，A 类褒义词在受“太”修饰时，有时也可以表示不好的意思，在挖苦讥笑人时用，例如：

（27）你也太伟大了。

你也太光荣了，都进了班房了。

你也太可爱了，我都怕见你了。

这些例句重音都在“太”上。这里的“太”都不表示过分、不满意的意思。在说话人看来，“你”根本就不伟大、不光荣、不可爱，只不过是故意反着说，以达到讽刺、挖苦的目的。这属于修辞问题，不是语法问题。跟我们讲的C类情况完全不同。

## 二、“不”和“没（有）”

“不”和“没（有）”都是常用的否定副词。前人时贤的研究已经指出，它们所表示的否定意义并不相同。已有的共识是，“不”用来否定事物具有某种性质、否定事物要进行某种动作行为，在后者的否定中，往往包含着对意志的否定；“没有（没）”则用来对变化、经历，或对动作行为发生、实现这一已然的客观事实的否定。简单地说，“不”是对性质、意志的否定，“没（有）”是对事实的否定。请比较下面的例句：

（1）a. 你做的江米酒不甜。 ［不具有甜的性质］

b. 你做的江米酒还没有甜。

［没有出现从不甜到甜的变化］

（2）a. 这儿的枫叶不红。 ［不具有红的性质］

b. 这儿的枫叶没有红。 ［没有出现从不红到红的变化］

（3）a. 他一口饭也不吃。

［不进行吃这一动作行为，从主观意愿说］

b. 他一口饭也没吃。

［没出现吃饭这一动作行为，从客观事实说］

（4）a. 银行昨天不开门。　　　　［从银行自身主观的规定说］

b. 银行昨天没有开门。　　　［从没有开门的客观事实说］

再具体地说，当修饰形容词性词语时，“不”表示否定事物具有某种性质，一般简称为“对性质的否定”；“没有”则表示否定事物在性质上发生了某种变化或否定事物曾经具有过某种性质，一般简称为“对变化、经历的否定”。例如：“不干净”是对“干净”的否定，即否定事物具有“干净”这种性质。“没（有）干净”是对“干净了”的否定，即否定事物发生了从“不干净”到“干净”的变化。“没（有）干净过”是对“干净过”的否定，即否定事物曾经具有“干净”的性质。这里需要提醒大家注意的是，“干净了”这肯定形式带“了”，与其相对应的否定形式只能说“没（有）干净”，不能说“*没（有）干净了”，即相应的否定形式不能带“了”；“干净过”这肯定形式带“过”，与其相对应的否定形式则不能说“*没（有）干净”，得说“没（有）干净过”，即相应的否定形式必须带“过”。

当修饰动词性词语时，“不”用来否定将要进行某种动作行为，一般简称为“对动作行为的否定”；“没有（没）”则用来否定已经发生或完成、实现了某种动作行为，或用来否定某事物曾经有过某种动作行为，一般简称为“对动作行为已然的否定”。例如：“不去”是对“去”的否定，即否定要进行“去”这一动作行为。“没（有）去”是对“去了”的否定，即否定已经发生了或完成、实现了“去”这一动作行为。“没（有）去过”是对“去过”的否定，即否定曾经有过“去”这一动作行为的发生、完成或实现。这里也需要提醒大家注意的是，“去了”这肯定形式带“了”，与其相对应的否定形式只能说“没（有）去”，不能说“*没（有）去了”，即相应的否定形式不能带“了”；“去过”这肯定形式带“过”，与其相对应的否定形式则不能说“*没（有）去”，得说“没（有）去过”，即相应的否定形式必须带“过”。

“不”和“没（有）”二者意义上的上述区别，影响它们所适用的时态。这一点前人时贤已有所注意。《现代汉语八百词》[1]说，“不”“可指过去、现在和将来”，“没有”“限于指过去和现在，不能指将来”。上述意思可表示如下：

| | 过去 | 现在 | 将来 |
|---|---|---|---|
| 不 | +（昨天他不去是对的） | +（现在他不去） | +（明天他不去） |
| 没（有） | +（昨天他没有去） | +（现在他没有去） | –（*明天他没有去） |

不过上述说法不是很准确，因为事实上“没（有）”也可以用于将来，例如：

（5）如果明天他没去，那就说明他的病加重了。

（6）要是明天上午十点钟我还没到，你就甭等我了。

只不过“没（有）”用于将来很不自由，要受到限制，只用于假设复句中，即“没（有）+动词性词语”这个偏正结构用于将来时是黏着的，不能单独出现。其实，“不”用于过去也不大自由，“不+动词性词语”这个偏正结构用于过去时也是黏着的，一般也不能单说，如上面表中所举的“昨天他不去是对的”可以说，但如去掉“是对的”，单说“*昨天他不去”就站不住。通常“不+动词性词语”如用于过去，则多用于因果复句或表示对比的并列复句中，有时也能在表示因果关系的单句中充任主语。例如：

（7）昨天他不去，因为孩子病了。

（8）昨天他不去，今天他更不去了。

① 参看吕叔湘主编《现代汉语八百词》，商务印书馆，1980年第1版，1999年增订版。

（9）昨天他不来开会是有原因的。

根据以上的分析，上面的表宜修改为：

| | 过去 | 现在 | 将来 |
|---|---|---|---|
| 不 | （+） | + | + |
| 没有 | + | + | （–）/（（+）） |

“（+）”表示虽可用，但要受到一定条件的限制，“（–）”表示一般不用，但在一定条件下可用”，“（（+））”表示虽可用，但要受到很大的限制。

“不”和“没（有）”适用时态上的区别，就跟它们在语法意义上的区别密切相关——正因为“不”是对意志的否定，所以用于过去不大自由；正因为“没（有）”是对事实的否定，所以用于将来不自由。《现代汉语八百词》[①]关于“不”可以用于过去，仅有一例：

（10）前天请他他不来，现在不请他他更不来了。

其实这就是我们上面所说的对比句。

“不”和“没（有）”语法意义的不同，也影响到它们跟能愿动词的结合。

“不”可以用在所有的能愿动词前，而“没（有）”只能用在“能（能够）”“敢”“肯”等少数几个能愿动词前。请看下表：

| | 能 | 能够 | 会 | 可 | 可以 | 要 | 应该 | 应 | 该 | 敢 | 肯 | 愿意 | 愿 | 乐意 |
|---|---|---|---|---|---|---|---|---|---|---|---|---|---|---|
| 不 | + | + | + | + | + | + | + | + | + | + | + | + | + | + |
| 没（有） | + | + | – | – | – | – | – | – | – | + | + | – | – | – |

① 参看吕叔湘主编《现代汉语八百词》，商务印书馆，1980 年第 1 版，1999 年增订版。

“不＋能愿动词（＋动词性词语）”适用于将来时、现在时，用于过去时则要受到限制，一般多用于因果句。请看：

（11）昨天我不能来开会，因为孩子病了。

（12）上次我不敢告诉你，主要是怕你生气。

（13）昨天我家里有事，所以不能够陪你玩儿。

（14）上次他怕你生气，所以不肯告诉你。

反之，“没（有）＋能愿动词（＋动词性词语）”适用于过去时、现在时，用于将来时则要受到限制，一般多用于假设句。请看：

（15）假如后天你还没能做完，就要误事了。

（16）如果明天他还没肯答应的话，你就另找别人吧。

（17）要是明天他没敢接受，那就麻烦了。

此外，“不＋能愿动词……”强调主观因素，语气较硬；“没（有）＋能愿动词”则强调客观事实，语气委婉一些。如上面的例（11）—例（14）的“不”虽都能换用为“没（有）”，例（15）—例（17）里的“没（有）”虽都能换用为“不”，表面看基本意思差不多，但强调的方面是不同的。

## 三、“别”和“甭”

这两个否定副词都能用来表示劝阻或禁止，常用于祈使句。例如：

（1）这么晚了，别等了。

（2）甭去了，那边人已经够了。

但就例（1）、例（2）看，“别”和“甭”似乎没有什么区别，因为例（1）里的“别”也可以换用“甭”，而例（2）里的“甭”也可以换用“别”。请看：

（1′）这么晚了，甭等了。

（2′）别去了，那边人已经够了。

事实上“别”和“甭”在意义上是有区别的。

“甭”只是表示劝阻，不表示禁止；而“别”既能表示劝阻，还能表示禁止。所以，在表示劝阻时，二者可以互换，在表示禁止时，只能用“别”，不能用“甭”。试比较：

（3）你别喝了，再喝就醉了。

你别理她，她就这个脾气。

你呀，别为难他了，饶了他吧。

（4）别喝！有毒！

别动！放下武器！

大家安静点儿，别说话！

例（3）表示劝阻，句中的“别”可以换用“甭”。例（4）表示禁止，句中的“别”不宜换用“甭”。用“别”表示劝阻，更强调说话人的主观意志；而用“甭”表示劝阻，更强调客观上的不需要。下面两个例子很能说明问题：

（5）你千万别告诉他！

你可别上他的当。

（6）这以后的事你都清楚，我就甭讲了。①

既然你已经知道了，我就甭说了。

例（5）虽并不表示禁止，但说话人用“千万”“可”表达了自己很强的主观意愿，句中的“别”就不宜用“甭”替换，似不能说成：

① 转引自吕叔湘主编《现代汉语八百词》，商务印书馆，1980年第1版，1999年增订版。

（5′）* 你千万甭告诉他！

* 你可甭上他的当。

例（6）客观事实表明，“以后的事你都清楚”。既然情况“你已经知道”，所以宜用“甭”，而不宜用“别”，不宜说成：

（6′）？这以后的事你都清楚，我就别讲了。

？既然你已经知道了，我就别说了。

“别”还表示提醒听话人注意防止发生不如意的事情。① 例如：

（7）别呛了。

别噎了。

别摔［摔跤］了。

别挤破了。

“甭”不表示这样的意思，所以例（7）里的“别”也不能换用“甭”，我们不说：

（7′）* 甭呛了。

* 甭噎了。

* 甭摔［摔跤］了。

* 甭挤破了。

最后还需说明，“别”相当于“不要”，但它不等于“不要”，下面句子中的“不要”就不能用“别”替换：

（8）如果他不要看电影，可以去看话剧。

* 如果他别看电影，可以去看话剧。

（9）这样的球赛我不要看。

* 这样的球赛我别看。

① 参看马真《说说目前辞书的释义》，《辞书研究》2016 年第 5 期。

（10）你不要听，可以出去。

*你别听，可以出去。

这是因为“别”是副词，只纯粹表示劝阻、禁止的语法意义；“不要”则是一个动词性词组，除有劝阻、禁止的意思外，还有“不想”“不愿意”的意思，而这是“别”所不具有的。

同样，我们说“甭”相当于“不用”，也不是说它等于“不用”。它们虽然都含有“事实上没有必要”的意思，但“不用”后面可以跟小句，即主谓短语。例如：

（11）这事以后就不用你管了。

（12）不用他去说了，我自己去吧。

“甭”作为副词，没有修饰主谓短语的语法功能，例（11）、例（12）里的“不用”就不能换用“甭”，我们不能说：

（11′）*这事以后就甭你管了。

（12′）*甭他去说了，我自己去吧。

## 四、“对”和“对于”

介词“对”和“对于”，其作用是引进关联的对象。例如：

（1）对金融问题，我一点儿也不了解。

（2）对于生命的起源，我们还需要不断深入探究。

例（1）的“金融问题”、例（2）的“生命的起源”都分别是“了解”“探究”的对象。“对”和“对于”意义上的共同性决定了它们在很多场合可以通用。如例（1）的“对”可以换成“对于”，例（2）的“对于”也可以换成“对”，意思不变。请看：

（1′）对于金融问题，我一点儿也不了解。

（2′）对生命的起源，我们还需要不断深入探究。

“对”和“对于”形成的介词结构经常做状语。做状语时，可以在主语后，也可以在主语前。例如：

（3）a. 我对鲁迅的杂文没有很深的研究。

b. 我对于鲁迅的杂文没有很深的研究。

（4）a. 对鲁迅的杂文我没有很深的研究。

b. 对于鲁迅的杂文我没有很深的研究。

“对”和“对于”所形成的介词结构还都可以带上“的”做定语。例如：

（5）他是出于对祖国的热爱。

（6）对于宪法草案的意见，我就是这些。

例（5）“对祖国的热爱”和例（6）“对于宪法草案的意见”，都是介词结构做定语的偏正词组，其内部层次构造可分析如下：

对　祖国（的）　热爱

____1____　__2__　1–2“定中”偏正

_3_　_4_　3–4 介词结构

对于　宪法草案（的）　意见

______1______　__2__　1–2“定中”偏正

_3_　__4__　3–4 介词结构

但是，它们无论在意义上还是在用法上还是有所不同。介词“对”所表示的语法意义要宽泛一些，所以一般能用“对于”的地方也能用“对”，但能用“对”的地方不一定都能用“对于”。例如：

（7）a. 有什么想法，你就对大家说说吧！

b. 他对我笑了笑，没有说话。

（8）a. 我们都对这个电影感兴趣。

b. 你当时应该对这个问题发表意见。

这四个句子中的“对”都不能换成“对于”。例（7）里的“对”

是表示“向”的意思，“对于”没有这个意思。例（8）里的“对”表示“对待”的意思，“对于”虽然也有这个意思，但它不能用在副词或助动词之后，“对”没有这个限制；例（8）a句和b句里的“对”分别在副词“都”和助动词“应该”之后，所以不能换成“对于”。如果用“对于”，例（8）得说成：

（8′）a. 我们对（于）这个电影都感兴趣。

b. 你当时对（于）这个问题应该发表意见。

在使用介词“对”和“对于”时，还要注意以下几点：

（一）谁对谁的关系可别弄错了。例如：

（9）*这段历史对我们很感兴趣。

（10）*墨西哥是我们的友好国家，墨西哥电影对我国观众并不陌生。

例（9）“我们”才是动作的主体，应改为“我们对这段历史很感兴趣”，也可以说成“这段历史对我们来说很感兴趣”。同样，例（10）的后一分句应改为“我国观众对墨西哥电影并不陌生”，或者说成“墨西哥电影对我国观众来说并不陌生”。这里需要分清“甲对乙怎么样”和“甲对乙来说怎么样”这两种格式。这两种格式表示的意思正好相反。试比较：

| | A | B |
|---|---|---|
| （11） | 他对吃馒头不习惯。 | *他对吃馒头来说不习惯。 |
| | *吃馒头对他不习惯。 | 吃馒头对他来说不习惯。 |

（二）别漏用或滥用。

用“对”“对于”，目的是要突出动作的关联对象，指明对这个对象已经或将要采取什么行动或态度。试比较下面三句：

（12）我们一定要反对这种不良风气。

（13）这种不良风气我们一定要反对。

（14）对这种不良风气我们一定要反对。

这三句话的基本意思相同，但还有区别：例（12）是一般地叙述；例（13）突出了动作的关联对象；例（14）不仅突出了动作的关联对象，还表明了说话人要采取什么态度、措施。因此，当我们要表示对某人某事采取什么态度时，特别是要表示对多种人多种事采取什么态度行动时，便往往用“对”“对于”来列举，这样比较醒目，例如：

（15）为确保社会安宁，对于那些丧尽天良的贩毒者，对于那些拐骗妇女儿童的人贩子，对于那些私刻印章、伪造票证者，对于那些偷盗教唆犯，我们决不能留情，必须缉拿严办，绳之以法。

（16）我们应该如实反映情况：对成绩不夸大，对问题不缩小，对矛盾不掩盖，好的、差的全面看，做到实事求是。

上面两个例子的“对于”和“对”都用得很恰当。

在写作中，常常出现该用时不用，不该用时乱用的毛病。前者叫漏用，后者叫滥用或错用。先看漏用的例子：

（17）* 江北地区的新石器时代文化，在会上展开了热烈的讨论。

（18）* 在教学中，他很注意因材施教，不同程度的同学采取不同的方法。

例（17）展开热烈讨论的是参加会议的考古工作者，而不是“江北地区的新石器时代文化”，应在句首加介词“对”或“对于”。例（18）采取不同方法的是“他”，应在“不同程度的同学”前加“对”或“对于”。

滥用或错用的情况更为普遍，例如：

（19）* 如果不用或用错了标点符号，对句子的意思就会产生歧义。

（20）* 对于凡是在科学研究上做出成果的科学家、技术人员都应该受到国家和人民的尊重。

（21）* 事故发生后，工厂领导决定对安全问题进行一次教育。

例（19）“对”后面的宾语“句子的意思”并不是“产生”的关联对象，这里的“对”应该删去。例（20）的“对于”也用得不恰当。运用介词“对（于）”，往往意味着要对某人某事采取什么态度或措施，因此句子总是采用主动句式。例（20）却是个被动句式（“受到……”），这样前面就不能用“对于”。或将“对于”删去，或保留“对于”，后面改为“国家和人民应该尊重他们”。例（21）“安全问题”不能成为教育的对象，这里可能误将“对”做“针对”讲。将“对”改为“就”或“针对”，都可以。

（三）由“对”或“对于”形成介词结构带上“的”做定语时，有时会造成歧义。例如，“对他的意见”既可以看作是介词结构，也可以看作是由介词结构做定语的偏正词组，分别分析为：

对 他（的） 意见

1 2 1–2 介词结构

3 4 3–4 “定中”偏正

对 他（的） 意见

1 2 1–2 “定中”偏正

3 4 3–4 介词结构

按前者，意见是他提的；按后者，意见是冲着他的。这一点一定要引起足够的注意。

## 五、“而且”“况且”“何况”

这三个都是表示递进关系的连词，但意义和用法并不完全相同。

“而且”表示一般的递进关系。例如：

（1）这种感冒药疗效很好，而且没有任何副作用。

（2）进行科学研究，不仅有助于认识世界，而且有助于改造世界。

（3）他是英语系的本科生，不但英语好，而且语文水平也很高。

“况且”虽能表示递进关系，但只用于进一步申述理由，即在已经说出的理由之外，再追加一层理由，相当于口语中说的“再说”。例如：

（4）这事我为什么后来又告诉他了呢？因为我想，不告诉他，他一定会着急，况且这事终究是要告诉他的。

（5）后现代哲学本来就很难懂，况且是用外语授课，所以他学起来觉得十分吃力。

（6）买车的事不妨先放一放，我们现在也不是很急需，况且车价还会往下降呢。

例（4）—（6）里的“况且”都可以换说成“再说”：

（4′）这事我为什么后来又告诉他了呢？因为我想，不告诉他，他一定会着急，再说这事终究是要告诉他的。

（5′）后现代哲学本来就很难懂，再说是用外语授课，所以他学起来觉得十分吃力。

（6′）买车的事不妨先放一放，我们现在也不是很急需，再说车价还会往下降呢。

“何况”表示的不是一般的递进关系，而是表示“逼近一层”的意思——一浅一深的两件事，浅的如此，深的更不用说了，含有反问语气。例如：

（7）大人都受不了，何况他还是个孩子。

（8）这件事连小孩子都知道了，何况大人呢？

（9）北京都下雪了，何况哈尔滨？

由于这三个连词在意义和用法上并不完全相同，所以不能随便替换。具体说来：

（一）表示一般递进关系的复句里的“而且”，不能用“况且”“何况”来替换，特别是跟“不仅”“不但”呼应使用时，如例（1）—例（3）。

（二）例（4）—（6）里的“况且”似乎可以用“而且”替换，但一用“而且”，原句那种“申述理由”的意思就没有了。例（4）—例（6）里的“况且”似可以换成“何况”，但意味不一样了——在“表示进一步申述理由”的同时，还含有“逼近一层”的意味了。

（三）用“何况”的例（7）—例（9），只表示“逼近一层”的意思，所以这里的“何况”不能换用“况且”。我们不说：

（7′）* 大人都受不了，况且他还是个孩子。

（8′）* 这件事连小孩子都知道了，况且大人呢？

（9′）* 北京都下雪了，况且哈尔滨？

下面的句子都有毛病：

（10）* 搞科学研究，一定要有丰富的材料，况且要有正确的观点。

（11）* 上千吨的轮船碰上这样大的风浪也得上下颠簸，而且这么一条小木船。

例（10）前后分句表示一般的递进关系，不能用“况且”，应改为“而且”。例（11）表示“逼近一层”的意思，句中的“而且”要改成“何况”。

## 六、“和”“及”“及其”“以及”

连词“和”“及”“及其”“以及”，都表示联合关系，是一组同义词。但实际上无论意义还是用法都有些差异。

首先需要指出的，“及”“及其”“以及”都是书面语词，口语中不用；“和”则书面语、口语都用。下面的句子都是口语中常说的句子，宜用“和”，不宜用“及”“及其”“以及”：

（1）这次我要去上海、杭州和苏州。

*这次我要去上海、杭州及/以及苏州。

（2）我听说他暑假去苏州和杭州玩儿。

*我听说他暑假去苏州及/以及杭州玩儿。

（3）我家就爸爸、妈妈和我三个人。

*我家就爸爸、妈妈及/以及我三个人。

其次需要指出的是，“及其”原本不是一个词，也不构成一个结构，其中的“其”是文言里的所有格代词，“及其”相当于“和他/她/它的”或“和他们/她们/它们的”。例如：

（4）巴金及其作品

例（4）就是“巴金和他的作品”的意思，句中的“其”不直接跟“及”发生关系，而跟“作品”发生直接的关系，构成领属性偏正结构“其作品”。但由于“及”和“其”常常连在一起用，逐步凝固化、词汇化，到现代汉语里，对它进行重新分析，干脆将“及其”分析处理为一个词了。这种情况在语言里是常有的。如“曾经”“已经”在古汉语里也不是词，甚至也不构成一个结构，“曾”“已”是副词，“经”是介词，在古汉语里形成“曾‖经……”“已‖经……”的格式。由于“曾”“已”常跟“经”连在一起用，到现代汉语就词汇化了，人们就自觉不自觉地逐渐将它们看作词了。由于受“及其”原有意义的影响，所以凡用连词“及其”连接的，前后两项一定有领属关系，即前者领有后者，如例（4）“作品”是为巴金所领有的。常有人错把“及其”当“及”用。例如：

（5）*参加这次大会的有各厂矿、部队、学校及其商业部门的代表。

（6）*教孩子识字，一定要给孩子讲清楚字音、字形及其字义。

例（5）“商业部门”显然不是从属于厂矿、部队、学校的，应删去“其”。例（6）“字义”跟“字音、字形”也无从属关系，宜换用“和”或删去“其”。

“和”表示并列，即表示并列几项都包括在内，项与项之间是加合关系，但具体又有“加而不合”和“加而合”两种情况。请看实例：

（7）小王和小张都上了大学。

（8）小王和小张是同乡。

例（7）“小王”和“小张”之间是加合关系，但加而不合，所以例（7）可以分说成：

（7′）小王上了大学，小张也上了大学。

例（8）“小王”和“小张”之间也是加合关系，但属于“加而合”的情况，所以例（8）不能分说成：

（8′）*小王是同乡，小张也是同乡。

“及”一般用于连接多项，而且一般用于多项的最后一项之前。例如：

（9）该校文科设有六个系：中文系、历史系、哲学系、法律系、经济系及传播学系。

（10）希望各校在新的一年里，在教学、科研、教材编写、师资培训及学术交流等方面做出更大的成绩。

“及”不大用于连接两项，除非所连接的两项处于主语或修饰语的位置。例如：

（11）信息技术及能源技术均属于高科技技术。

（12）请将这些材料如实地提供给省级及中央级新闻单位。

例（11）由“及”连接的“信息技术及能源技术”做主语，例（12）由“及”连接的“省级及中央级”做定语。如果让它们处于宾语位置，句子的接受程度就很差了，请看：

（11′）？我们必须大力发展信息技术及能源技术。

（12′）？请将这些材料如实地提供给省级新闻单位及中央级新闻单位。

例（11）、（12）的“及”宜改用“和”。“和”没有这些限制。

## 七、“等”和“等等”

“等”和“等等”都是助词，单就下面两个例子来看，它们所表示的语法意义似乎是一样的，请看：

（1）参加这次高校英语演讲复赛的有清华大学、北京大学、北京师范大学、北京外国语大学等。

（2）自然界存在着许多的运动形式，如机械运动、发声、发光、发热、电流、化合等等。

“等”在例（1），“等等”在例（2），都表示列举未尽。它们可以互换，即例（1）里的“等”可以换成“等等”，例（2）里的“等等”可以换成“等”，而意思一样。请看：

（1′）参加这次高校英语演讲复赛的有清华大学、北京大学、北京师范大学、北京外国语大学等等。

（2′）自然界存在着许多的运动形式，如机械运动、发声、发光、发热、电流、化合等。

其实它们所表示的语法意义并不完全相同。

“等”除了表示列举未尽外，还可以表示列举已尽，前后可以有所列各项总计的具体数字，这时“等”含有“一共”的意思。例如：

（3）这学期我选修了古代文学史、古典文论、外国文学史、当代文学、《红楼梦》研究以及全校通选课“统计学概论”等六门课。

（4）我们班同学主要来自北方的五个省：黑龙江、吉林、辽宁、河北、山西等。

“等等”不表示这一语法意义。下面这个句子里的“等等”要改为“等”：

（5）* 这次参观分批进行。第一批五个班，有一班、四班、六班、九班、十班等等。

顺带指出，表示列举未尽时，二者也还有区别：

A.“等等”不用于指人的名词和专有名词之后，“等”不受这个限制。例如：

（6）出席这次大会的，有工人、农民、学生、战士等。

（7）唐代著名诗人有杜甫、李白、白居易等。

（8）四川省主要的河流有嘉陵江、沱江、岷江、大渡河等。

例（6）—例（8）里的“等”，都不能换成“等等”。我们不说：

（6′）* 出席这次大会的，有工人、农民、学生、战士等等。

（7′）* 唐代著名诗人有杜甫、李白、白居易等等。

（8′）* 四川省主要的河流有嘉陵江、沱江、岷江、大渡河等等。

B.“等等”后面一般不能再有其他词语，“等”不受这个限制。例如：

（9）这次运动会有田径、体操、射击等比赛项目。

（10）这次运动会的比赛项目很多，有田径、体操、射击等。

例（9）里的“等”后面紧跟着另外的词语“比赛项目”，这里的“等”就不能换成“等等”，不说：

（9）* 这次运动会有田径、体操、射击等等比赛项目。

例（10）里的“等”后面没有其他词语，这里的“等”可以换成“等等”，说成：

（10′）这次运动会的比赛项目很多，有田径、体操、射击等等。

C.“等”可以附在单个名词语后面表示列举未尽，这种“名词语＋等”的助词结构通常做主语或定语，不能做宾语。例如：

（11）老张等赶忙过来帮忙，才把搁浅了的船推上了水面。

（12）铅笔等文具用品，价格也略有所降。

（13）*参加会议的单位很多，有京棉一厂等。

例（11）“老张等”做主语，例（12）“铅笔等”做定语，这两句话都能说；例（13）“京棉一厂等”做宾语，句子就不能说。如果让“京棉一厂等”处于主语地位，句子就可以说了。请看：

（13′）……，京棉一厂等也参加了这次会议。

有时“等”也可以用在人称代词“你”“我”之后表示列举未尽。例如：

（14）“你等听着，谁再偷吃，我就打谁的屁股。”爷爷说着，故意把手高高举起，……

（15）当时，放下电话，我等赶紧出门要了辆出租车直奔人民医院。

“等等”没有上面这样的用法，例（11）、例（12）和例（13′）—例（15）里的“等”都不能换用“等等”。我们不说：

（11′）*老张等等赶忙过来帮忙，才把搁浅了的船推上了水面。

（12′）*铅笔等等文具用品，价格也略有所降。

（13″）*……，京棉一厂等等也参加了这次会议。

（14′）*“你等等听着，谁再偷吃就打谁的屁股。”爷爷说着，故意把手高高举起，……

（15′）*当时，放下电话，我等等赶紧出门要了辆出租车直奔人民医院。

D.“等等”跟前面的词语之间可以有停顿，“等”则不允许有停顿。例如：

（16）记得小时候看过一些以体坛生活为内容的影片，如《女篮五号》《球场风波》《冰上姐妹》《水上春秋》《女跳水队员》，等等，那生动的故事情节、血肉丰满的银幕形象至今记忆犹新。

例（16）里的“等等”如果要换成“等”，得说成：

（16′）记得小时候看过一些以体坛生活为内容的影片，如《女篮五号》《球场风波》《冰上姐妹》《水上春秋》《女跳水队员》等，那生动的故事情节、血肉丰满的银幕形象至今记忆犹新。

E.“等等”可以重复，“等”不能。例如：

（17）货物品种很多，包括布匹、手表、收音机、电视机、录音机等等，等等。

# 第十八讲
# 辨析几组形似实异的虚词

汉语里有些虚词形似实异，常常会被用混，这一讲就是要跟大家辨析几组形似实异的虚词。所谓“形似实异”是说在形式上有相似之处，但实质上不同。

要辨析形似实异的虚词，最好也采用比较的方法。譬如“既”与“即”，人们常常用错，原因只在于这两个虚词音和形近似，跟别的字词搭配也相似（如“既使”和“即使”）。其实这两个虚词所表示的语法意义截然不同。为区别起见，我们就有必要将它们放在一起进行比较，让人们明了它们之间的差别。

## 一、“不管”和“尽管”

“不管”和“尽管”只因都是连词，又都有一个“管”字，不少人就常常用错。其实它们从意思到用法都很不相同。

“不管”跟“不论”“无论”意思相同，表示无条件，即表示某人某事物在任何条件下都是如此。例如：

（1）不管困难有多大，我们都要克服。

（2）不管什么人，都要遵守国家的法令。

（3）不管怎么样，你必须在上课前赶到。

（4）不管你去不去，我一定去。

（5）不管是刮风还是下雨，他都坚持户外跑步。

（6）不管刮风或下雨，他天天早上坚持跑1000米。

这些句子里的“不管”都可以用“不论”“无论”替换，意思不变。请看：

（1′）无论 / 不论困难有多大，我们都要克服。

（2′）无论 / 不论什么人，都要遵守国家的法令。

（3′）无论 / 不论怎么样，你必须在上课前赶到。

（4′）无论 / 不论你去不去，我一定去。

（5′）无论 / 不论是刮风还是下雨，他都坚持锻炼。

（6′）无论 / 不论刮风或下雨，他天天早上坚持跑1000米。

“尽管”则跟“虽然”意思相同，表示让步转折，即先让步，承认某件事是如此，然后，再转过来指出相反的一面。例如：

（7）尽管困难一个接着一个，但最后我们还是保质保量提前完成了任务。

（8）尽管风很大，雨很大，他们还是按时赶到了。

（9）这部电影尽管有些缺点，但从总体看，还是一部好电影。

（10）尽管我并不喜欢他的说教，我还是耐着性子听着。

（11）他们俩尽管说法不同，基本意思还是一样的。

这些句子里的“尽管”都可以用“虽然”替换，意思不变。请看：

（7′）虽然困难一个接着一个，但最后我们还是保质保量地提前完成了任务。

（8′）虽然风很大，雨很大，他们还是按时赶到了。

（9′）这部电影虽然有些缺点，但从总体看，还是一部好电影。

（10′）虽然我并不喜欢他的说教，我还是耐着性子听着。

（11′）他们俩虽然说法不同，基本意思还是一样的。

“不管”和“尽管”由于所表示的语法意义迥异，所以用法上也有很大的差异。使用“不管”，要求后面紧跟的词语，或者包含表示真实询问的疑问代词，如例（1）—例（3），或者是一个疑问格式，如例（4）、例（5），或者是一个含有选择意义的联合词组，如例（6）。而使用“尽管”，则后面的词语绝对不能是个疑问格式，不能是带有选择性的联合词组。例如，只能说“尽管这样”，不能说“尽管怎么样”；只能说“尽管刮风下雨”，不能说“尽管刮风还是下雨”。这跟“不管”恰好相反。下面是“不管”和“尽管”互相误用的病例：

（12）*到了冬天，不管天气很冷，气温很低，他还是坚持冬泳。

（13）*尽管你的计划订得多好，不切合实际有什么用？

例（12）的“不管”要改成“尽管”；如要保留“不管”，就得把“天气很冷，气温很低”改为“天气多么冷，气温多么低”。例（13）的“尽管”要改成“不管”；如要保留“尽管”，就得把“你的计划订得多好”改为“你的计划订得很好”。

## 二、“只有”和“只要”

“只有”和“只要”都是表示要讲条件的连词，而且都有一个“只”字，所以人们也常常混用。但二者是有明显区别的。

“只有”表示所讲的条件是最根本的最有决定性的条件，后面常要求有“才”跟它相呼应，例如：

（1）只有国家康泰，家业才能兴旺，个人才得幸福。

（2）只有通过实践，才能检验出是否符合客观规律。

（3）只有让老张去请，才能把他老人家请来。

（4）只有同心协力，才能把事情办好。

（5）只有建立和健全监督制度和机制，才能较好地消除腐败现象。

“只要”表示有这样的条件就行了。后面常用“就”“便”跟它相配。例如：

（6）只要你肯学，保证一个月就学会了。

（7）只要大家齐心协力，事情就好办。

（8）只要你愿意，便可以去报名。

（9）只要不发生意外情况，今年棉花丰收就不成问题。

（10）只要燃料往上涨一点儿，其他商品就会跟着往上涨。

有时，所指条件相同，所指事情相同，但由于一个用“只有……才……”，一个用“只要……就……”，意思就不一样。请比较：

（11）a. 只有他去，才能解决问题。

b. 只要他去，就能解决问题。

例（11）a、b 所指事实相同：“他去”是“解决问题”的条件。但 a 用“只有……才……”，表示在说话人看来，这个条件严，非他去不能解决问题，排斥其他人去可以解决问题的可能性；b 用“只要……就……”，表示在说话人看来这个条件是宽的，他去了就能解决问题，而不排斥别人去可以解决问题的可能性。下面这些句子里的“只有”“只要”都用错了：

（12）* 我们只有努力学习，就能攀登科学高峰。

（13）* 据杨振宁估计，在今后二三十年中，中国只要在一个稳定的条件下发展，经济和科技才会赶上或超过世界水平。

例（12）“只有”和“就”不能相配。或将“就”改为“才”，或将“只有”改为“只要”。例（13）“只要”和“才”不能搭配。鉴于杨振宁在题为《从二十世纪的物理学看中国科学的发展》的报告中说到，按中国现在的发展情况，不需多少年，经济和科技就会赶上或超过世界水平。所以例（13）宜将“才”换为“就”，全句改为：

（13′）据杨振宁估计，在今后二三十年中，中国只要在一个稳定的条件下发展，经济和科技就会赶上或超过世界水平。

由于“只有”和“只要”在语法意义上有上述区别，所以跟某些词语的配合上也有差别。譬如，用“只有”的句子，其主要动词前后就不宜带上“稍微”“轻轻”等这样一些表示程度轻微的词语。请看：

（14）只要稍微看一眼，他就记住了。

（15）你只要轻轻摁一下那绿色的键，那大铁门就会徐徐开启。

例（14）、例（15）里的“只要”就不能换用“只有”，即使后面的“就（会）”换成“才（能）”。请看：

（14′）* 只有稍微看一眼，他才会记住。

（15′）* 你只有轻轻摁一下那绿色的键，那大铁门才会徐徐开启。

## 三、“以至”和“以致”

“以至”和“以致”都是连词，而且第一个字都是“以”字，第二个字的读音相同，都念“zhì”。整个读音一样，字形又相近，因此常常有人用错。其实这两个连词的意义和用法也是很不相同的。

“以至”的意思相当于“直到”“甚至”，表示递进关系，即由小到大、由少到多、由低到高、由浅到深的递进关系（也可用于相反的方向）。连接的成分如果不止两项，“以至”一般用在最后一项之前。例如：

（1）一石居是在的，狭小阴湿的店面和破旧的招牌都依旧；但从掌柜以至堂倌却已没有一个熟人，我在这一石居中也完全成了生客。

（2）搞城市建设不能只看眼前，要考虑到明年、后年以至未来十年、二十年……

（3）这项工艺改革成功的话，生产效率将会提高几倍以至十几倍。

（4）实践、认识、再实践、再认识，这种形式，循环往复以至无穷，而实践和认识之每一循环的内容，都比较地进到了高一级的程度。

“以至”还可以说成“以至于”。例如：

（5）许多美的人和美的事，错综起来像一天云锦，而且万颗奔星似的飞动着，同时又展开去，以至于无穷。

（6）对群众的批评采取抵触以至于压制的态度，那是十分错误的。

“以致”则表示“致使”“弄得”的意思，用在因果复句的主句开头，表示下文所说的是上述原因所造成的结果。这种结果大多是不好的，或说话人所不希望的。例如：

（7）对于非本质和非主流方面的问题，不能忽视，而且要认真对待，很好解决，但是，不应当将这种问题看成为本质和主流，以致迷惑了自己的方向。

（8）有关资料记载，以解放前蒋家沟的泥石流曾经十多次隔断小江、堵塞河道，以致洪水四处泛滥，淹没了许多农田、房屋。

（9）由于他不听从劝告，以致上了别人的当。

“以至”和“以致”的区别是明显的。有时似乎在同一个句子里，既可以用“以至”，也可以用“以致”，其实意思是不同的。例如：

（10）a. 在一片赞扬声中，他变得飘飘然起来，以至看不到自己工作中的缺点。

b. 在一片赞扬声中，他变得飘飘然起来，以致看不到自己工作中的缺点。

例（10）a 用“以至”，b 用“以致”。a 表示递进关系，强调程度的加深，意思是“在一片赞扬声中，他变得不仅飘飘然起来，而且发展到了看不到自己工作中缺点的程度”。这里的“以至”可换成“甚至”。b 表示因果关系，强调由于上述原因而造成的结果，意思是“他在一片赞扬声中由于变得飘飘然起来，因此连自己工作中的缺点也看不到了”。这里的“以致”可换成“因此”。

常见的毛病是误把“以至”当“以致”用。例如：

（11）*他只听了一面之词，以至没有处理好那两家的纠纷。

（12）*他腹部连中三弹，以至生命危在旦夕。

（13）*由于他看问题的方法不对，又不听从别人的劝告，以至犯了错误。

（14）*她儿子做了坏事，甚至拿了人家的东西，她不但不加管教，还替他隐瞒，以至使她儿子逐渐走上犯罪的道路。

这些句子里的“以至”都用错了，因为从意思上看，前后分句之间只能是因果关系，不可能是递进关系。例（11）、例（12）干脆将“以至”删去，这样句子还简洁些。例（13）、例（14）要改用“以致”。

## 四、“从而”和“进而”

“从而”“进而”是两个意思不同的连词。“从而”的作用在于引出表示结果的主句，这种结果可以是在已有结果的基础上产生的，也可以是在某种条件下产生的。例如：

（1）大家从团结的愿望出发，通过批评与自我批评，消除了多年来的隔阂，从而达到了新的团结。

（2）以前，沈阳、锦州两铁路局调度在交接车上常有摩擦。今年年初两局主管运输工作的领导同志得知这一情况后，都加强了对本局调度人员的教育，强调要识大局、顾整体，严于律己，严格按计划办事，从而改善了马二家站分界口的交接车工作，大大提高了两局的运输效率。

（3）工程师刘守忠在京广铁路韶广段复线定测中，认真负责，精心修改了韶关、马坝车站初测设计方案，从而为国家节省工程投资553万元。

“进而”则强调在前一行动的基础上，采取进一步的行动。例如：

（4）铁道部决定，先评选出各局、厂的先进集体和先进个人，进而评选出部的先进集体和先进个人。

（5）要完成今年经济建设的任务，并进而实现90年代的奋斗目标，关键在于深化改革、扩大开放。

（6）由于人与人之间存在个性的差别，会产生矛盾，出现相互交往的障碍，因此了解这些差别，有助于理解许多冲突产生的根源，进而克服交往中的困难。

如果进一步采取的行动，从某个角度说也可以看作是前一行动所产生的结果，那么，既可以用“进而”，也可以用“从而”，但意思上有差别。试比较：

（7）a. 为了迫使她屈服，他们停发了她的工资，进而切断了她的一切经济来源。

b. 为了迫使她屈服，他们停发了她的工资，从而切断了她的一切经济来源。

例（7）a用“进而”，是说他们在停发了工资后，还进一步切断她除工资以外的其他经济来源。这意味着迫害的加深，前后是递进关系。例（7）b用“从而”，是说由于他们停发了她的工资，这样就切断了她的一切经济来源。这意味着前后是一种因果关系。

由于“从而”“进而”都包含“而”字，在用法上有时又似乎相通，因此常有人用混。常见的毛病是，该用“从而”的地方用了“进而”。例如：

（8）*从去年开始，徐州市进一步走出国门，先后派出40多个代表团参加国内外一系列大型经贸洽谈活动，特别是到众多发达国家和地区与大财团、大商社、跨国公司进行经济技术合作洽谈，进而使利用外资的路子逐步拓宽。

（9）*来自个体经济的压力和挑战，促使国营和集体商业部门改善经营方式，改善经营手段，改善服务态度，进而无形中形成了经济生活中的竞争局面。

例（8）“进而”后面所说的内容，不是徐州市走出国门的进一步行动，而是进一步走出国门后所收到的良好效果。同样，例（9）“形成了经济生活中的竞争局面”并不是“国营和集体商业部门改善经营方式，改善经营手段，改善服务态度”的进一步措施或行动，而是“来自个体经济的压力和挑战，促使国营和集体商业部门改善经营方式，改善经营手段，改善服务态度”所出现的一种结果。这两个例子里的“进而”都应该换成“从而”。

## 五、“既”和“即”

“既”和“即”只在书面上混用，原因是，“既”和“即”左边形体相同，整个字形相似；读音也相似——就现代汉语说，声韵相同，只是声调不同，“既”是去声字，“即”原是入声字，现为阳平字。由于形、音相似，这就造成许多人在书写时出错。

“既”原是“食毕”义，后引申为“完尽”义，又虚化为“已经”义，用作副词，现代汉语里作为连词的“既然”里的“既”

保留了此古义。“既”再进一步虚化，跟“且”“又”呼应，连接并列成分，如《诗经·商颂·那》：“既和且平，依我磬声。”《诗经·豳风·破斧》：“既破我斧，又缺我斨。”但《论语·季氏》：“既来之，则安之。”其中的“既”还是“已经”的意思。到现代汉语，“既”字的用法，一是跟“又”“也”等构成“既……又……”“既……也……”格式，起并列连接作用，例如“既多又好”“既高又大”“既可以这样，也可以那样”“他呀，既怕老婆，也怕娘”；一是跟“然”字构成连词“既然”，用来表示因果推论关系。例如：

（1）既然你现在没有什么要紧的事，就留下来陪奶奶说说话。

（2）既然你已经答应他了，那就先去他那里工作一段时间吧。

表示“已经”意思的“既”还能单用做状语，但只见于书面。例如：

（3）这已是既成的事实。

（4）未来的京沪高速铁路跟既有的京沪线的走向及所经之城市几乎相同，但距离缩短了200多公里。

“即”原是空间“靠近”的意思，“即之也温”（《论语·子张》）里的“即之”就是“靠近他”的意思。后又引申为时间上的接近，表示眼下不久的时间，“春节在即”里的“即”就是这个意思。后又虚化为表示“立时”的“就”义，“午后即到”“招之即来”里的“即”就表示“立时”的意思。在现代汉语里，表示上述意义的“即”只见于书面语，而且用得也不是很多。用得多的，还是跟“使”等一些字构成的连词“即使”“即便”“即令”等，在假设让步转折复句中引出假设让步的分句。例如：

（5）即使明天下雨，我也去。

（6）她即使骂我打我，我也还是像过去一样很好地对待她。

（7）那红柳即便在沙漠中，也能很好地生长。

（8）李自成心想，那城池即令攻开，也得死伤好多将士。

“即”还有一个意义，相当于“也就是”的意思，有人将这个“即”称为“判断系词”，现代书面语中还很常用。例如：

（9）周树人，即鲁迅也。

（10）事物的矛盾法则，即对立统一法则，是辩证唯物主义最根本的法则。

（11）国营经济即全民所有制经济，目前在国民经济中还是起主导的作用。

“既”和“即”混用最多的地方是，将“即使”写成了“既使”。例如：

（12）*既使他不告诉我，我也猜得出来。

例（12）里的“既使”要改为“即使”。混用的原因除了上面说的外，还有一点，那就是，“即使”后面常有“也”呼应，构成“即使……也……”句式；而“既”也常跟“也”配搭，构成“既……也……”句式。然而要知道，在现代汉语里，“即使”是一个词；而“既”和“使”有连着用的情况，但不构成一个词。例如：

（13）农村税收制度的改革，既使农民减轻了负担，也不影响国家的税收收入。

例（13）虽然“既”和“使”连着，但它们既不构成一个结构，更不构成一个词。这里的“既”跟后面的“也”配合，构成“既……也……”这样一个格式，起连接作用，表示并列关系。而“使”跟“农民”构成一个结构。

显然，要防止“既”和“即”在书面上的混用，只需注意这样两点：

第一，用“即使”，要求带起的是一个假设让步分句，后面还一定跟一个表示转折的分句，整个句子表示假设让步转折关系。

第二，“既使”在现代汉语里还不是一个词，实际是“既”和后边的“也”或“又”，互相呼应，构成“既……，也/又……”这样的并列复句句式，即前后分句是并列关系。再请比较例（6）和例（13）：

（6）她即使骂我打我，我也还是像过去一样很好地对待她。

（13）农村税收制度的改革，既使农民减轻了负担，也不影响国家的税收收入。

例（6）用“即使”，引出的是一个假设让步分句“她骂我打我”，后面跟一个表示转折的分句“我也还是像过去一样很好地对待她”；例（13）先用“既”引出分句“使农民减轻了负担”，后用“也”引出分句“不影响国家的税收收入”，整个复句是“既……也……”格式。再看上面举的例（12）：

（12）*既使他不告诉我，我也猜得出来。

例（12）从前后分句内容看，明显地将“即使”误用为“既使”了。前后分句“他不告诉我”和“我猜得出来”之间在语义上显然不是并列关系，而是假设让步转折关系。可见这里的“既使”使用错了，得改为“即使”。

# 第十九讲 关于汉语虚词教学的建议——以“常常”和“往往”辨析为例

## 一、引言

虚词在汉语中占有极为重要的地位，汉语教学中必须重视虚词教学。面对外国汉语学习者，如何有效地进行汉语虚词教学？我觉得，最好采用不断比较、层层剥笋壳的教法。这里我们以副词“常常”和“往往”的辨析为例来加以呈现。

大家知道，“常常”是常用词，口语、书面语都用，外国学生一般不会用错。“往往”是个书面语词，平时用得不是很多；而以往一般辞书，包括早先的《现代汉语词典》，都将“往往”注释为“表示某种情况时常存在或经常出现”，《新华字典》甚至直接用“常常”来注释“往往”。在外汉词典中，譬如汉英词典中，对“常常”和“往往”一般都用 often 和 frequently 来注释。这样的注释不会影响母语为汉语的中国人对这两个词的使用，因为中国人有丰富的汉语语感；可是对外国学生来说却有影响，他们没有汉语语感，常常按注释来运用所学的词语，以为“往往”和“常常”的意思、用法差不多，只是风格色彩不同。因此，初学汉语的外国学生经常出现错用“往往”的偏误现象。例如：

（1）* 她往往说谎。

（2）* 佐拉往往去香港玩儿。

例（1）、例（2）里的“往往”都用得不合适，都该换成“常常”，说成：

（1′）她常常说谎。

（2′）佐拉常常去香港玩儿。

为什么例（1）、例（2）不能用“往往”，得用“常常”呢？“往往”和“常常”不同在哪里？在汉语教学中必须跟外国学生讲讲。而要给学生讲清楚“往往”和“常常”的不同，最好用剥笋壳的办法，举实例进行层层深入的比较分析，说明二者的不同。我当年在给留学生开设的“现代汉语虚词”课上，就采用这样的讲法。

## 二、我是这样教的

首先举出下面两种情况的实例：一种情况是“常常”和“往往”可以互换，意思差别不大。例如：

（1）a. 北方冬季常常会有一些人不注意煤气而不幸身亡。

b. 北方冬季往往会有一些人不注意煤气而不幸身亡。

（2）a. 星期天他常常去姥姥家玩儿。

b. 星期天他往往去姥姥家玩儿。

（3）a. 每当跳高运动员越过横杆时，观看的人常常会下意识地抬一下腿。

b. 每当跳高运动员越过横杆时，观看的人往往会下意识地抬一下腿。

另一种情况是“常常”和“往往”不能互换。例如：

（4）a. 他呀，常常开夜车。

b.* 他呀，往往开夜车。

（5）a. 听说他常常赌博。

b.* 听说他往往赌博。

（6）a. 这种水果我们那儿很多，我们常常吃。

b.* 这种水果我们那儿很多，我们往往吃。

接着引导学生思考：为什么有的句子里的“常常”可以换说成“往往”，有的却不能呢？而且叫学生细细对比例（1）—例（3）与例（4）—例（6）的差异。大家经过对照分析，很容易找到答案，得出如下结论：

**“常常”和“往往”都表示某种事情或行为动作经常出现或发生；可是用“往往”，前面一定得先说出某种前提条件，说明在某种条件下，某种事情或行为动作经常出现或发生，“常常”则没有这个限制。**

例（1）—例（3）所以能用“往往”替换，因为交代了条件；而例（4）—例（6）所以不能用“往往”替换，因为这些句子都没有交代条件。

上面这个看法怎么样？“常常”和“往往”的异同是不是就说清楚了？我又举出下面两组语料。句子中都说了条件，但一组“常常”和“往往”可换着用，例如：

（7）a. 每到星期六晚上，我常常去姥姥家玩儿。

b. 每到星期六晚上，我往往去姥姥家玩儿。

（8）a. 去年周末我们常常去钓鱼。

b. 去年周末我们往往去钓鱼。

而另一组则“常常”和“往往”不能换着用，例如：

（9）a. 以后周末，你要是没事儿，常常去看看姥姥。

b.* 以后周末，你要是没事儿，往往去看看姥姥。

（10）a. 明年回上海，你得常常去看看她。

b.* 明年回上海，你得往往去看看她。

这又为什么？我引导大家认真对比、分析上面的例子，结果发现，例（7）、例（8）说的是过去的事，例（9）、例（10）说的是未来的事。这说明我们原先的看法只注意到了条件，没注意时态，显然原先的看法需要加以修改，得修改为：

**在交待前提条件的情况下，“往往”只用来说过去的事，即过去在某种条件下某种事情或行为动作经常出现或发生。“常常”则不受这个限制。**

上面新得出的结论怎么样呢？我让大家看下面的实例：

（11）a. 去年冬天我常常去滑雪。

b.* 去年冬天我往往去滑雪。

（12）a. 上个星期我常常接到匿名电话。

b.* 上个星期我往往接到匿名电话。

例（11）、例（12）说的都是过去的事，也交代了条件，但还是不能用“往往”。这又为什么呢？为了有助于学生思考这个问题，我告诉他们，如果在这两个句子里加上某些词语，就又可以用“往往”了。请看：

（11′）去年冬天每到周末我往往去滑雪。

（12′）上个星期晚上9点我往往接到匿名电话。

看了例（11′）、例（12′）后，多数学生经过对比悟到了其中的奥秘：例（11′）、例（12′）加上某些词语后，所说的事情或现象具有明显的规律性，而原先例（11）、例（12）所说的内容不含有规律性。于是，对于“往往”与“常常”的差异又有了新的认识。这样，我将原先的看法重新描写、说明如下：

**“往往”只用来说明根据以往的经验所总结出的带规律性的情**

**况（多用于过去或经常性的事情），“常常”不受此限。**[①]

这个结论明显地给我们传递这样一种信息：使用“往往”是有条件限制的，使用“常常”不受条件限制。也就是说，能用“往往”的地方都能用“常常”，而能用“常常”的地方不一定能用“往往”。可是后来我们又遇到了下面这样的语言事实：

（13）高房子往往比较凉快。

（14）南方往往比较潮湿，北方往往比较干燥。

例（13）、例（14）只能用“往往”，不能换用“常常”，即不能说成：

（13′）*高房子常常比较凉快。

（14′）*南方常常比较潮湿，北方常常比较干燥。

这说明原先的结论还需要进一步修改。显然，“往往”与“常常”的异同似宜修改为：

**某情况如果只具有经常性，不具有规律性，只能用“常常”，不能用“往往”；如果既具有经常性，又具有规律性，“常常”和“往往”都可以用；而如果只具有规律性，不具有经常性，则只能用“往往”，不能用“常常”。**[②]

结论中说“如果既具有经常性，又具有规律性，‘常常’和‘往往’都可以用”。不过，我们要注意，某种情况譬如前面举过的例（1）—例（3）等，表面上看似乎“常常”和“往往”都可以用，但是从表达上来说，即从说话的角度、凸显的意思来说，二者还是有差异的：

---

① 这一结论是我 1984 年得出的，当时觉得这个新的结论比较周全了，并写进了我与陆俭明合写的《虚词研究浅论》一文（参看陆俭明、马真《现代汉语虚词散论》，北京大学出版社，1985 年第 1 版）。我 2004 年之前一直持这一看法。

② 这个新的结论，写进了马真《现代汉语虚词研究方法论》（修订版），商务印书馆，2016 年。

用"常常"意在凸显某情况出现的经常性；用"往往"意在凸显某情况出现的规律性。

## 三、附带说明

顺带说一下，《世界汉语教学》2016年第3期发表了一篇近两万字的辨析"往往"和"常常"的长文章，题目是"频率副词与概率副词——从'常常'和'往往'说起"。文章的小标题是：

一 时间副词和频率副词

二 "常常"和"往往"的本质

三 "常常"和"往往"的差别及其原因

四 现实性、非现实性及"常常""往往"

五 概率计算和频率计算的条件

六 主观副词和客观副词

七 余论

中心意思是："常常"是频率副词，"往往"是概率副词；"常常"是客观副词，"往往"是主观副词。我们觉得，说"常常"是频率副词，"往往"是概率副词，可以这样认识，但只这样讲学生难以明白，老师恐怕也难分辨清楚。至于说"常常"是客观副词，"往往"是主观副词，这也值得斟酌，而且反倒会误导外国学生，让他们误以为只要加强主观性就可以用"往往"，从而导致出现使用上的偏误。我觉得，用于汉语教学的研究成果一定要尽可能让老师、学生好懂、好用。文章的作者似乎没有很好地考虑如何使自己的研究成果转化为汉语教学的内容，以便能为汉语教学服务。

# 第二十讲
# 副词“反而”的不同教法

这一讲要说说“反而”这个虚词，因为这个虚词，将关涉两方面问题：一是关涉教学法的问题；二是关涉如何有效进行虚词教学和虚词研究问题。

## 一、不同对象不同教法

在汉语教学中，时常会提到教学法的问题，被视为“三教”问题之一，并时常成为汉语教学界的一个热门话题，甚至举行专门的讨论会。大家关心教学法，应该说是个好事儿。可是我们必须了解这样一点，那就是，**方法是这里能用那里不一定能用、这里好用那里不一定好用、对这个老师来说好用对那个老师来说不一定好用、对这样的学生适用对那样的学生不一定适用**的一种技巧和艺术而已。现在不少人都在热议美国库玛（B. Kumaravadivelu）提出来的“后方法”（postmethod）。“后方法”，按我的体会，就是强调不要拘泥于某一种教学方法，要因人、因时、因地、因条件采用有针对性的教学手段。而这也就是我们的先师孔夫子早就教导的“因材施教”，也就是我们前辈老师所总结的“教有定则，教无定法”之说。

要做到“因材施教”，做到“教有定则，教无定法”，我觉得有两样东西特别重要：

第一样东西，就是高度的教育责任心。这是教好课的关键。具体说眼睛里要有学生，心里要有学生。课程是教学计划所定的，但是具体该讲什么内容、所讲内容前后该怎么安排，具体讲解时又该怎么开头、怎么提出问题，该从哪里切入，该怎么展开，说明问题时最好举什么样的例子，最后该让学生做什么样的练习，这得多从学生的角度考虑，得考虑怎么讲授学生更好懂、更好理解、更好接受。有了这种教育责任心，就会根据经验，针对不同教学对象、不同教学内容，考虑运用不同的教学方法。

第二样东西，教师自己肚子里要有东西。这也就是我们常讲的“要给学生一碗水，自己要有一桶水”。具体说，作为一名教师得具有扎实而又较为广博的所教课程的基础知识，得具有一定的所教课程的基本技能。由于汉语教学最直接的目的是要让外国学生学习、掌握好汉语，所以作为汉语教师必须具备扎实的汉语言文字学和教育学方面的功底和一定的研究能力。

总之，作为一名教师，有了高度的教育责任心，同时自己肚子里有东西，在教学中就会游刃有余，就能针对不同的对象，根据不同的教学内容琢磨出有针对性的好的教学法；也只有这样，才能较好地吸取、运用别人提出的好的教学法。

在第十一讲我曾说到，20 世纪 80 年代初，北京大学中文系要我给汉语专业高年级学生开设“现代汉语虚词研究”专题课，给中文系的外国留学生中文专业本科三年级学生开设“现代汉语虚词”专题课。这都是新课，而且这两个课虽说都是现代汉语虚词方面的课程，但性质并不一样——给中国学生开设的课，主要是让学生初步了解与掌握虚词研究的方法；给留学生开设的课，主要是让他们在原有学习的基础上，对现代汉语里一些常用虚词的意义与用法有更好的了解与掌握，同时也学到一点儿分析方法。要上好这两门课，必须做三件事：第一件事，广泛阅读、学习已有的有关汉语虚词方面的论著，以便吸取、借鉴前人的研究成果；第二件事，搜集大量有关现代汉语虚词的语料，语料可以帮助我们鉴别前人的说法怎么样，也可以帮助自己深入思考研究；第三件事，必须进行科学研究，对一些常用虚词、疑难虚词在前人研究的基础上做进一步的研究，做到心中有数。我在这两门课里都讲授了“反而”这个虚词，但讲法并不完全一样。为什么不一样？这就关涉到怎样有效进行虚词研究与虚词教学的问题。

在我的两门虚词课上，之所以要讲授“反而”这个虚词，出于以下两方面考虑：

一个方面，汉语学界对“反而”这个虚词的词性和所表示的语法意义存在着分歧。就词性而言，有的说它是副词，[①] 有的说它是连词，[②] 有的说它既是副词又是连词。[③] 就所表示的语法意义而言，有的认为它表示转折关系，[④] 有的认为它表示递进关系，[⑤] 有的认为它既表示递进关系又表示转折关系。[⑥]

另一个方面，外国汉语学习者，即使有的已经拿了学士学位，汉语已经说得相当不错了，但是在“反而”的使用上还时常出现偏误。例如：

（1）* 大家都看电影去了，她反而在宿舍看书。（马耳他留学生）

（2）* 玛沙干得比谁都卖力，这一次我想老师准会表扬他，谁

① 吕叔湘主编《现代汉语八百词》，商务印书馆，1980 年第 1 版，1999 年修订版。

② 王国璋、安汝磐《常用词用法例释》，中国人民大学出版社，1980 年。

③ 景士俊《现代汉语虚词》，内蒙古人民出版社，1980 年。

④ 同①。

⑤ 同③。

⑥ 华南师范学院中文系《现代汉语虚词》编写组《现代汉语虚词》，广东人民出版社，1981 年。

知老师反而没有表扬他。（罗马尼亚留学生）

（3）*他以为我不喜欢跳舞，我反而很喜欢跳舞。（日本留学生）

例（1）、例（2）里的“反而”都宜改用“却”；例（3）里的“反而”宜改用“其实”（将“其实”放在主语“我”之前更好一些）。值得注意的是，“反而”是书面语词，所以母语为汉语的中国人有时也会用错，甚至个别语言学学者也用错。例如：

（4）*大家都主张种植大棚蔬菜，老村长反而反对，主张种植棉花。

（5）*黎锦熙先生把主语规定为动作行为的施事（即动作者），或性质状态的具有者，赵元任先生反而认为汉语的主语不限于此，其他如动作行为的工具、时间、处所等都可以做主语。

例（4）、例（5）里的“反而”都宜换成“却”。

根据我的研究，我觉得汉语语法学界对“反而”看法存在分歧，外国留学生使用“反而”出现偏误现象，都跟没有了解“反而”使用的语义背景有关。当时我想，我给大家讲授“反而”这个虚词，不在于要让大家一般地了解“反而”的意义和用法，而是要让大家通过“反而”这个词的学习，深切而又具体地了解词语使用的语义背景问题。但是，在具体教法上，对中国学生和对外国留学生，不完全一样。

## 二、在中国学生的专题课上讲授“反而”

在中国学生的专题课上，我是这样讲授“反而”的：

首先给大家介绍汉语语法学界对“反而”的不同看法——语法学界对“反而”的看法上有着明显的分歧：第一，“反而”到底是什么词？有不同看法。第二，“反而”在句子中到底表示什么关系？

也有不同看法。（学界的不同看法，上面已经介绍，这里不再重复说明。）

然后，我向大家说明我们到底该怎么看。我明确指出，学界之所以有不同的看法，根本的原因是大家没有分析“反而”使用的语义背景。如果认真分析了“反而”使用的语义背景，汉语语法学界不同意见的争论就将迎刃而解。

接着我请同学们跟我一起来具体分析“反而”使用的语义背景。我先举了三个没用“反而”而用“却”的例子：

（1）今天午后下了一场雷阵雨，原以为天气可以凉快一些，可是并没有凉下来，却更闷热了。

（2）大家都看电影去了，她却在宿舍看书。

（3）黎锦熙先生把主语规定为动作行为的施事（即动作者），或性质状态的具有者，赵元任先生却认为汉语的主语不限于此，其他如动作行为的工具、时间、处所等都可以做主语。

例（1）—例（3）“却”前后分句之间有转折关系，句中都用“却”来显示这种转折关系。值得注意的是，例（1）里的“却”可以用“反而”来替换，意思基本不变。请看：

（1′）今天午后下了一场雷阵雨，原以为天气可以凉快一些，可是并没有凉下来，反而更闷热了。

而例（2）、例（3）里的“却”不能用“反而”来替换，不能说成：

（2′）* 大家都看电影去了，她反而在宿舍看书。

（3′）* 黎锦熙先生把主语规定为动作行为的施事（即动作者），或性质状态的具有者，赵元任先生反而认为汉语的主语不限于此，其他如动作行为的工具、时间、处所等都可以做主语。

那么为什么例（1）里的“却”可以用“反而”来替换，而例（2）、例（3）所表示的转折关系不能用“反而”来表示，要用“却”来表示呢？这个问题的本身正好说明了这样一点：不是所有表示转折关系的复句都能用“反而”，只有在一定的上下文中，一定的语义背景下，才能用“反而”。因此，要确切了解并掌握“反而”的意义和用法及其词性，必须考察和了解“反而”使用的语义背景。

例（1′）里的“反而”是用得很贴切的，这个例句也充分显示了“反而”使用的语义背景。这个语义背景包含了四层意思，可以描述如下：

**A. 甲现象或情况出现或发生了；**

**B. 按说（常情）/ 原想〔预料〕甲现象或情况的出现或发生会引起乙现象或情况的出现或发生；**

**C. 事实上乙现象或情况并没有出现或发生；**

**D. 倒出现或发生了与乙现象或情况相悖的丙现象或情况。**

例（1′）里的“午后下了一场雷阵雨”就属于甲现象，例（1′）里的“天气可以凉快一些”就属于乙现象，例（1′）里所说的“天气并没有凉下来”就是C意所说的情况（乙现象并没有出现或发生），例（1′）里的“更闷热了”就属于丙现象。“反而”就用在说明D意的语句里。为了使大家更明了起见，我在例句里用［A意］［B意］［C意］［D意］将例（1′）改写为例（4）：

（4）［A意］今天午后下了一场雷阵雨，［B意］原以为天气可以凉快一些，［C意］可是并没有凉下来，［D意］反而更闷热了。

我们可以将包含四层意思的语义背景说得概括、简单一点儿，那就是“反而”只能在这种情况下使用：

**甲现象或情况的出现并没有导致理应出现的乙现象或情况，却出现了与之相悖的丙现象或情况，这时用“反而”来引出那与之相悖的丙现象。**

上面所说的［A意］［B意］［C意］［D意］这四层意思，可以在一个句子里一起明确地说出来，如例（1′）、例（4）；而在实际的语言交际中，为了表达的经济，也可以不完全说出来。请看：

（5）［A意］今天午后下了一场雷阵雨，［C意］可是天气并没有凉下来，［D意］反而更闷热了。（省去［B意］）

（6）［A意］今天午后下了一场雷阵雨，［B意］原以为天气可以凉快一些，［D意］可是反而更闷热了。（省去［C意］）

（7）［A意］今天午后下了一场雷阵雨，［D意］天气反而更闷热了。（省去［B意］、［C意］两层意思）

［D意］是“反而”所在的语句，当然不能省去。［A意］是使用“反而”的前提条件，因此也不能省去。

例（4）、例（5）、例（6）、例（7）具体代表了使用“反而”的四种不同的情况。不管属于哪一种，使用“反而”的语义背景是相同的，都包含着［A意］［B意］［C意］［D意］这四层意思，只是在例（4）里，那四层意思是全部显露的，而在例（5）、例（6）、例（7）里，那四层意思是有所隐含的。前面一开始我们所举的例（2）、例（3）之所以不能用“反而”替换，就因为这些句子并不具有“反而”所使用的语义背景。拿例（2）来说，“大家都看电影去了”，不一定“她”也非得去看电影，二者之间没有这种“理应”的必然关系（不是“大家都看电影去”，她也理应看电影），所以在这句话里用“反而”就不恰当了。如果是下面这样说就可以：

（8）大家都看电影去了，原以为宿舍会安静一些，谁知不仅没有安静下来，反而更吵了。

例（3）也可以照此分析。

考察、了解了“反而”使用的语义背景，我们就可以比较好地把握“反而”的语法意义。“反而”所表示的语法意义可以这样描写：

**“反而”表示实际出现的情况或现象跟按常情或预料在某种前提下理应出现的情况或现象相反。**

我们弄清了“反而”出现的语义背景，语法学界关于“反而”的分歧意见，就可以迎刃而解了。

**关于第一个分歧意见——“反而”是什么词？**

上面我们说了使用“反而”的语义背景，而且指出了语义背景的四层意思，即［A 意］［B 意］［C 意］［D 意］四层意思，不一定都在句子中出现。其中，［A 意］和［D 意］必须出现，［B 意］和［C 意］在句中可出现可不出现。这样就形成了使用“反而”的四种不同的格式：

Ⅰ. A+B+ **可是（不但）** C+ **反而** D。

Ⅱ. A + **可是（不但）** C+ **反而** D。

Ⅲ. A+B+ **可是** + **反而** D。

Ⅳ. A （**可是**） + **反而** D。

这四个格式彼此有着内在的联系，如果我们把格式Ⅰ看作是基本式，那么格式Ⅱ、Ⅲ、Ⅳ就是它的省略式，因此这四个格式也可以概括为：

A +（B）+（**可是（不但）** C）+ **反而** D。①

从上面的分析我们可以看出，上述种种格式表面看各不相同，实际上是同一语义背景的不同表达形式，彼此都有联系。其中，Ⅰ式是最基本的格式，其余的是由Ⅰ式省略而派生出来的。因此，出现在各种格式里的“反而”，其实是同一个词。这样看来，把“反而”处理为既是副词又是连词这显然是不恰当的。

那么“反而”该分析为副词还是该分析为连词呢？我引导学生注意这样一点：“反而”虽然经常用在复句中，但并不是非得用在复句中不可；譬如格式Ⅳ，当“反而”使用的语义背景的［A 意］

① 格式中的圆括号表示其中的成分在实际的言语交际中可出现可不出现。下同。

以名词短语或介词短语来表达时，“反而”就是用在单句中。请看：

（9）今天午后这一场雷阵雨，反而使天气更闷热了。

（10）经过午后这一场雷阵雨，天气反而更闷热了。

例（9）、例（10）都是单句。例（9）是主谓结构（“今天午后这一场雷阵雨”做主语），例（10）是“状－中”偏正结构（介词结构“经过午后这一场雷阵雨”做状语）。这种情况在实际使用中较多，在我们收集的139个例句中就有23个。上述情况告诉我们，将“反而”分析为副词是合适的，也是合理的，因为在现代汉语里副词可以在复句中起连接作用。

**关于第二个分歧意见——“反而”表示什么关系？**

不管“反而”出现在哪一种具体的句子格式里，它所表示的语法意义都是相同的，即都是表示实际出现的情况或现象跟按常情或预料在某种前提下理应出现的情况或现象相反。所谓转折关系、递进关系，不是“反而”所表示的，而是“反而”所在的句子格式所表示的，我们只要分析一下使用“反而”的各种格式的内部层次构造，问题就清楚了。请看：

Ⅰ. A+B+**可是（不但）**C+**反而**D。

［**转折**］

［**反意递进**］

Ⅱ. A+**可是（不但）**C+**反而**D。

［**转折**］

［**反意递进**］

Ⅲ. A+B+（**可是**）+**反而**D。

［**转折**］

Ⅳ. A （**可是**）+**反而**D。

［**转折**］

以上，是我在“现代汉语虚词研究”课上给中国同学的讲授法。

## 三、在外国留学生专题课上讲授“反而”

在外国留学生专题课上，我是这样讲授“反而”的——先以留学生使用“反而”不当的偏误句作为切入点。举了下面三个病例：

（1）*他以为我不喜欢她，我反而很喜欢她。

（2）*玛沙干得比谁都卖力，这一次我想老师准会表扬他，谁知老师反而没有表扬他。

（3）*“大家都出去玩儿了，她怎么反而在宿舍看书？”我当时这样想。

我向大家指出，这三个句子里的“反而”都用得不合适，得用表示转折的“却”，不能用“反而”。我刚说完，一位美国学生就举手站起来说了：“马老师，您说这些句子里的‘反而’用得不合适，我不理解。《现代汉语八百词》上说，‘反而’表示转折关系。这些句子既然都表示转折关系，为什么就不能用‘反而’？”

留学生能提出这样的问题，说实在，我心里很高兴。我对大家说：“约翰逊的问题提得很好，而且也说明他很用功，能在课外认真地阅读参考资料。”我特地转向约翰逊说：“你提的问题，也正是我今天要向大家讲的问题。”下面就是我分析讲解的内容：

不错，“反而”跟“却”一样，都能用在表示转折关系的复句中。但不能认为凡是表示转折关系的复句就能用“反而”。“却”用于转折关系，适用面很宽，“却”所受的限制只在于它不能用在主语或话题之前，只能用在主语或话题之后。例如：

（4）今天天气晴朗，气温却很低，只有3°C。

例（4）不能说成：

（4′）*今天天气晴朗，却气温很低，只有 3°C。

这里顺带说一下，连词“而”也表示转折，但它只能用在句子头上，如：

（5）今天天气晴朗，而气温很低，只有 3°C。

“而”和“却”正好形成互补。它们也可以在一个句子内共现，例如：

（6）今天天气晴朗，而气温却很低，只有 3°C。

“反而”用在表示转折的复句里，就不像“却”那么自由，要受到很大限制，主要是只能在一定的语义背景下才能使用。

我告诉同学，所谓“语义背景”，就是指某个词语能在什么样的情况或上下文中出现，不能在什么样的情况或上下文中出现。接着，我就给同学们举了下面这样一个使用“反而”的句子：

（7）今天午后下了一场雷阵雨，原以为天气可以凉快一些，可是并没有凉下来，反而更闷热了。

我向同学们说，例（7）里的“反而”是用得很贴切的，这个例句也充分显示了“反而”使用的语义背景。于是我向同学们具体分析了“反而”使用的语义背景（这在前面已经分析过了，这里不再重复了）。之后，我就向同学们指出，前面一开始我们所举的例（1）—例（3）的偏误句之所以不能用“反而”，就因为这些句子并不具有“反而”使用的语义背景——前后内容不存在“理应”的逻辑关系。拿例（1）来说，在实际生活中，不会是因为“他以为我不喜欢她”，所以“我”就不喜欢“她”了。这就是说，“他以为我不喜欢她”跟“我不喜欢她”之间不存在“理应”的关系。我接着请同学们来具体讨论分析一下例（2）和例（3）的偏误情况，大家七嘴八舌踊跃发言，很快就做出了正确的分析。

接着，我又告诉大家，考察、了解了“反而”使用的语义背景，我们就可以将“反而”使用的语义背景融入对“反而”的释义中，这样就可以比较好地把握“反而”的语法意义。“反而”的语法意义是：

**“反而”表示实际出现的情况或现象跟按常情或预料在某种前提下理应出现的情况或现象相反。**

我特别提醒大家要注意“理应”这两个字。不是一般的前后意思不一样、不是一般的前后表示转折关系就能用“反而”的，必须是“理应”出现某个情况或现象而没有出现，却出现了相反的情况，才能用“反而”。

对留学生，我们这样讲授。这在讲法上显然与给中国学生的讲授不一样。

## 四、共同的教学要求

从上面的介绍中可以了解到，讲授“反而”，对象不同，教法也就不一样。不过有一点是共同的，而且十分重要，那就是都需要讲清楚“反而”使用的语义背景。这可以说是共同的教学要求。